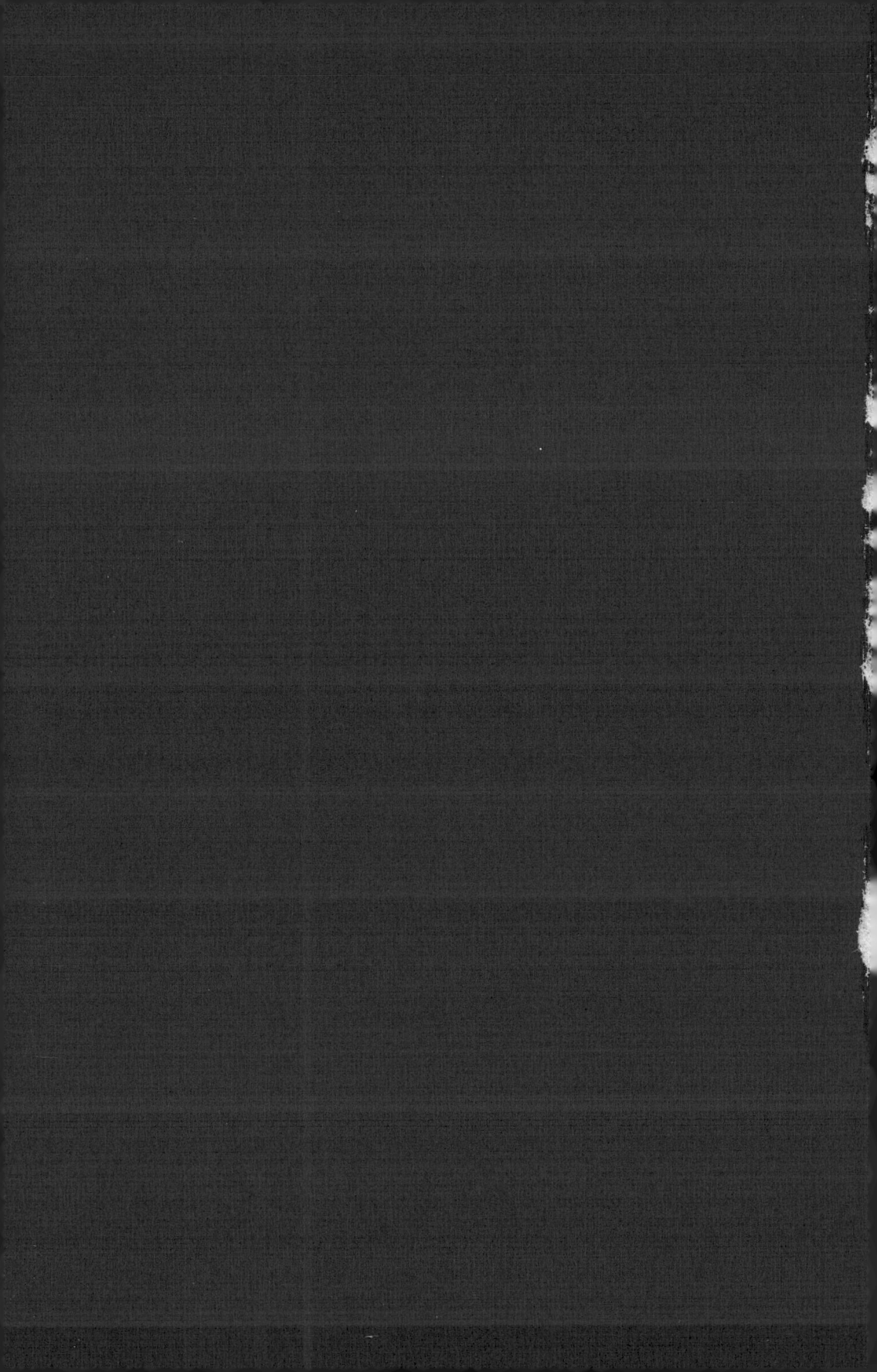

在我们的面前，行走着一位老人，他半个多世纪留下的足迹，穿透了千万年的时光，给我们捎来了许多尘封的故事。他是一位不知疲倦的学者。他就是著名考古学家石兴邦先生。

叩访远古的村庄
石兴邦口述考古

石兴邦 口述　　关中牛 编著

陕西师范大学出版总社有限公司

图书代号　SK13N0839

图书在版编目（CIP）数据

叩访远古的村庄 / 石兴邦口述；关中牛编著. —西安：陕西师范大学出版总社有限公司，2013.8
 ISBN 978-7-5613-7132-9

Ⅰ.①叩…　Ⅱ.①石…②关…　Ⅲ.①石兴邦－回忆录　Ⅳ.①K825.81

中国版本图书馆CIP数据核字(2013)第133944号

叩访远古的村庄

石兴邦 口述　　关中牛 编著

策划组稿	郭永新
责任编辑	刘　定
责任校对	彭　燕
版式设计	田　丹
封面设计	古涧文化
出版发行	陕西师范大学出版总社有限公司
	（西安市长安南路199号　邮编 710062）
网　　址	http://www.snupg.com
印　　刷	西安市建明工贸有限责任公司
开　　本	720mm×1020mm　1/16
印　　张	16.75
插　　页	2
字　　数	210千
版　　次	2013年8月第1版
印　　次	2013年8月第1次印刷
书　　号	ISBN 978-7-5613-7132-9
定　　价	39.80元

读者购书、书店添货或发现印刷装订问题，请与本公司营销部联系、调换。
电话：（029）85307864　85303629　传真：（029）85303879

目录

001 石兴邦素描

家 世 /005

007 同官有个石柱乡
010 石柱乡的"石"姓人
014 刘志丹住过我们家
019 奶奶教我学识字
021 唱秧歌的小"把式"
023 十三岁娶了个小媳妇

求学之路 /025

027 官名
031 第一次看见"共产党"
033 参与"政治"
036 兵荒马乱的高中学涯
040 半工半读的日子
043 替人做"枪手"错进大学门
047 蒋介石是我们的大学校长
050 改邪归正进"中央"

055 倾巢之下的"完卵"
058 新中国的"家考"研究生
063 古怪老头吴先生
070 令人难以启齿的"龌龊"
077 关门弟子

选进考古界 /083

085 遗老遗少考古所
092 第一次见识"洛阳铲"
098 遗留在辉县的故事
103 衣锦还乡
110 妃子墓里的珠宝
112 失之交臂"马王堆"
117 自作主张的"土夫子"
119 "黄埔一期"
123 谁发现了"半坡"
135 "人面鱼纹"之谜
142 发生在"半坡"发掘中的悲惨事故
146 邓拓约我写文章
149 陈毅拍板建个馆
152 "半坡"给陕西长了脸
155 加入"陕军"探"周原"
161 "靠边站"的十年岁月

167 参与撰写《中国史稿》
172 回到北京去下川
179 带着学生上三峡
183 担纲发掘兵马俑
188 "白家村"那锅煮不熟的饺子
194 二返长安
198 秦俑丢了个"将军头"
205 倒灶的钻探公司
207 我想发掘乾陵
213 打开法门寺地宫之门

讲学游历 /217

219 出国穿着"中山装"
222 去埃及
225 奥林匹克上的"o"
228 遭遇日本大地震
230 叶娃和刘莉
236 背井离乡的"唐二骏"
242 访问宝岛
245 台湾有个黄帝庙

"退"而不"休" /249

256 后　记

石兴邦素描

西安市大雁塔北广场东北角有个小巷道，名字叫"乐游路"。如果你打听起这个小街名，即使居住在周边的老住户都会一怔，然后才回答你。如果直接问"考古院"，他们的脸上马上又会表示出某种鄙夷。活像你一双脚站在天安门广场，却向他们打听哪儿是天安门城楼！

事实是，在大雁塔周边还是一片庄稼地的时候，陕西考古研究所就在这里建有三层高的大楼了。那时候，这里是西安南郊的"郊外"，考古所是这里数得着的大单位，也是最早在这儿落户的"老住户"，甚或在那个时候几乎成了一个地标名称。眼下，这儿已经变成了一个世界知名的文化大广场，当年那个最先的住户，也成了众多社区中一个相对独立的小型社区。

走进这个住家、办公兼用的院落，如果你留心，就时常能碰见一位肩膀上搭着旧公文包，匆忙去办公楼上班的老头儿。这位就是现年已经九十高龄的陕西考古研究院名誉院长石兴邦先生。

他，不单是这个院子的老住户，也正是本书的口述者。

至于老人家去近在咫尺的办公楼上班，将公文包搭在肩膀上这个有异于常人的孤僻动作，用他本人的话讲，这是医生告诉他的"小偏方"。这样做，久而久之便可以矫正好一个人微驼的肩背。

一位耄耋的老者，既然对自己的形象矫正依然这么自信，那么，他看上去最多七十岁的相貌、见人便打招呼的乐呵样子，以及朝九晚五从不间断地上下班，也就不需要我们再发那么一声无谓的惊叹了。

说起老先生的学术成就，以及学术活动，《中国大百科全书·考古卷》专门辟有"石兴邦"条目介绍。在百度，只要输入"石兴邦"三个字，立即就会出现一大片鲜明的标题。你就会知道，老先生不但是考古界享誉全国的名流，而且是被世界考古同行推举进世界名人录的人类学专家。

这位一九二三年农历十月十一日出生于陕西耀县一个富裕农家的子弟，一九四五年以陕西会考第一名、全国第九名的骄人成绩进入"中华民国"最高学府——中央大学边政系读书，获得法学学士学位。毕业之际，中华人民共和国成立，他又考进浙江大学人类学系攻读民族学、历史学和考古学，是新中国第一届研究生。

一九五〇年至一九六一年，一九七六至一九八四年，石兴邦先后在中国科学院、社会科学院考古研究所工作。一九六一年至一九七六年在陕西省考古研究所工作。一九八四年，这位已经六十一岁、完全可以在北京退休颐养天年的老先生，硬是被陕西省政府作为专门人才"引进"回了陕西老家。

先生先后担任国家考古所所务秘书、研究室主任，长江三峡考古队队长，陕西省考古研究所副所长、所长，陕西省社科院副院长，中国哲学社会科学规划办公室考古组副主任等职，并作为代表参加了第七届全国人民代表大会。

现在，九十高龄的他依然担任陕西省文物局学术委员会主任、陕西省考古研究院名誉院长、唐帝王陵研究室主任、西北大学兼职教授。

而且，老先生还有许多的社会兼职：中国考古学会常务理事、陕西省社科联常务理事、黄帝陵基金会副会长、轩辕黄帝研究会副会长……

先生先后主持和负责的主要科研工作有：西安半坡遗址的发现和发掘，长江流域的考古调查，山西下川遗址的发掘，临潼白家村遗址的发掘，秦俑二期发掘，法门寺地宫的发掘，唐帝王陵发掘的先期研究……

石先生一生主攻新石器时代考古学研究，其学术专著有：《西安半坡——氏族部落文化的发掘和研究》《半坡氏族公社》《临潼白家村——前仰韶文化遗址的发掘和研究》《中国新石器时代文化体系研究》《下川口——旧石器晚期采猎经济文化研究》等；主编并参与编写的考古论著有：《中国考古学研究论集》《考古学研究》《中国原始文化论集》和《周秦文化研究》等。重要论文有：《马克思主义与史前史研究》《中国文化与文明发展和形成的考古学考察》《中国人种和族系的形成和发展》《从考古学文化探讨我国私有制和国家的起源问题》《法门寺地宫珍宝的发掘及有关问题》《中国史前文化发展的自然环境和历史背景》等等。他几乎把毕生的精力，都献给了自己钟爱的考古事业。

石先生从一九七九年起，先后应邀或派赴希腊、罗马尼亚、美国、德国、埃及、印度以及日本等国家和中国香港、台湾地区访问、讲学和考察，其学术成就在国际考古界亦有比较广泛的影响。

可是，如果你和这位享誉国际的大学者在生活中碰面，不经别人刻意介绍，你绝对会以为面前站的这位双手老茧叠加的老汉是一个身板硬朗的村舍农夫。当然，你也会注意到他那个从不离身，款式过时，即使是一个进城农民工也羞于背着四处招摇的帆布"公文包"。那包里边，永远只装有一个少了许多搪瓷面儿的喝水缸子。

专意揭出老先生这个生活"小插曲"，千万别以为我们是在挖苦老爷子纯粹是个故作寒酸的守财奴。有关提着帆布包上班这个"程序"，他曾认真地告诉笔者，这是他这辈子时常出野外养成的生活习惯。即使去办公室，如果不背着一个结实的帆布包、里边不放上跟随他几十年的那个喝水缸子，他出门心里就不踏实，至少从心理上不认可自己今天出门是去上班。上班，对于他来说，又等同于出野外。

一个考古工作者，终年在山野奔波，一个帆布包，一个搪瓷缸子，这虽然只是一位风餐露宿者的简单行囊，它却装载着一个考古学者的全部人生。

石先生叙说起这些流年往事，一直都是笑呵呵的，在笔者听来，却不由自主地从心底生发出由衷的崇敬。他的话语，能把一个身心疲惫者带到一个热血沸腾的青春年代……你的眼前，便渐渐会出现一位学业出众、热爱本职、功成业就、令人仰之弥高的圣哲。就像半坡纪念馆将要为老先生竖起的那尊青铜巨像，令每一个慕名参观者抬头触目，心头立刻会油然而生出一种情感——肃然起敬。

其实，石兴邦实实在在是我们身边的一位普通人，活像同一个院落居住的左邻右舍，一个可敬可亲的快乐老头，一位永远也不会停下来休息片刻的劳动者。能坐下来聆听他亲口叙说自己的那些流年往事，应当是某种缘分。听着听着，你就会相信，这个世界真的存在一种东西，她叫做"长青不老"……

家世

同官有个石柱乡

我小的时候，陕西的政区根本不是现在这样划分的。耀州那一块儿还有一个县，叫同官。这个县名听起来有点古怪，年轻人甚至没听说过陕西居然还有这么个县份。它和东潼关同音异字，属于一个山区小县，我就是这个同官县的人。民国时期，同官并不归耀县管，属于洛川行政区专属管理。同官比铜川小点，老铜川原来的区域并不大，所管辖的两个县都是山区小县。

奇怪的是，我家所在的村名里也有个"县"字，叫故县。

从现在的耀县北门直接上去，是一道大土岭，属西塬。上塬后地势较平坦，走四十里路就到我家。一个不大点的小山村，周边分别有文王山、武王山、药王山，下去就是唐陵街。经富平一直到黄河边的那道大岭，当地人称桥山。这条山脉，是由黄龙延伸过来的。我家所在的这条土岭，属于大山脉的一个山梁，梁头的地方形成了一个大塬。当时的铜川市向西到我们这里是四十里路，再向西二十里到小丘，就到了文王山下。一条大梁直到耀县，约五十里。尽管属于丘陵地带，但大多地方地势平坦，在行路难的山区，我们那儿的路还算好走。

当时的同官县是个穷县，又小又穷。县域内人口稀少，土地瘠薄，四处都是干梁，水源奇缺，当地农民基本上是靠天吃饭。我们那里是铜川有名的四大塬（石柱塬、黑池塬、梁家塬、演池塬）之一——

石柱塬。在我们那一块,"四塬"还算(铜川市)最好的地方。过去,县上设行政为东、南、西、北四区,接近于现在的乡镇,我们故县村属石柱乡管理。

从历史渊源上说,苻坚时期我们那儿是陕北、关中之间汉羌地域的重要分界线,被称作岱玉。我们那个村名就很有点意思,故县——"过去的县城"。据说,在历史上,我们村曾经是个地方政权机构。岱玉护军,是北魏时期的县邑,就设在我们村那一块。史书记载的有宋代的范仲淹在此抗辽,但未留下什么值得研究的文物古迹,只留下一些无法考据的传说。到了清朝,"一州管三县,中心在同官"。三县分别是耀州、富平、同官,为耀州统管。后来,又把同官划归了洛川专区。同官在当时的交通条件下,是个交通枢纽,属于很红火的地界。不知什么原因,后来官道改了路,我们那地方也慢慢变偏僻了。

我小的时候,同官县城每月有一个集会,进城的人很多,十分地热闹。那一天,周围二三十里路范围内的乡村土路上,都是来来去去赶集的人。他们的柴米衣食贸易、经济交流都集中在集会这一天。进了县城,也没有啥商业街区。平时很宽敞的地方,这天都挤得人山人海。买卖人就在土路边围着地上的农产品讨价还价,有的摆着一只鸡,一堆猪崽,有的是几把镰刀一领草席。大多是货币交易,还可以以物易物。记得那个时候,一个铜板就能买一碗油炒粉。当地居民大多都是种地过活,也有些人搞小贸易、做小生意,不过,这类人数很少。后来,市镇上慢慢有街道了。我们石柱也修了一条,约为一二里长。每到集日,周围农户赶集来,农产品、牛羊和布匹等各种交易都集中在这里。

我们故县那个村子虽不大,距离镇上却不远。我上学的时候,村上大约有一百多二百口人。全村总共有四姓人家：石、姚、马、宋。石家和姚家为大姓，马、宋为小姓。在这四家中，石家和马家关系很亲密，他们可能为世亲。而宋、姚两家好像是两户同门，从来都不能通婚。不过，石家可以和姚家、宋家通婚。我时常想，这些同居一个村庄、不同姓氏的人群在原始社会时期会不会是一族同胞呢？于是，就有这样的奇怪规矩一代代传了下来。这也是我从少年时代开始，对我们人类自己的文化发展的最初思考。

我的第一次婚姻就是和本村姚家结亲的。逢年过节的时候，姚家和宋家在一起祭祖，石家和马家各有祠堂。几千年来，这种村庄与村庄、姓氏和姓氏之间的联姻关系，在当代中国的广大乡村依然存在。这也为人类学研究提供了丰富的课题。

石柱乡的"石"姓人

直到现在，我也搞不清楚我们这个"石"在历史上到底是哪家"石"。早先，祠堂存有家谱，"文化大革命"时期全部被红卫兵烧了。前多年，村子里那些准备续写家谱的人和我联系了多次，想在我这里找一些资料、打问一些家族过去的事情，我查了许多资料，最后，还是没能搞清楚。

不过，我们石家在老村庄周围那一片地方是最早的老户，这一点毋庸置疑。有些老人说，我们是"石敬瑭"的后人。但虽一直有这个口头流传的说法，谁也拿不出可靠的历史证据。有一点，不知是巧合还是其他缘由，我们这块塬叫"石柱塬"。究竟这个地域名称和我们石姓有没有关联呢？也就是说先有"石柱塬"这个地名称呼，还是先有我们这一支石姓人家在这里居住而得名，这也是我经常爱思考的问题。

听上辈人说，我们的祖先最早是从西北来的。这个流传的说法比较靠谱。当然，还有人传说我们是从山西大槐树下来的。产生这个"大槐树"之说，应在明代以后，多少有点人云亦云的意味，西北地区的村庄大多都流传有这么个说法，说自己的老祖先是"洪洞大槐树下"迁来的。其实，即使是从山西迁来，那棵大槐树也仅仅是召集移民上路的驿站，人并不都是洪洞人。关中道上，有些老村庄在汉代就有人定居了，排除一些历史上的大瘟疫和大战乱造成的人口大迁徙,大部分被人类选做村庄地址的老地方,人类的烟火一直都没有熄灭过。

究竟石家在石柱塬这里住了多少代,至今也没有人能够搞清楚。不过,上溯几代,还是有些口口相传的记载的。二百年间,我们这一支石姓人还是有迁走他乡的,传说是去了山东,有些说是去了其他地方,现在谁也说不清究竟是去了哪个具体省份。

居住在石柱塬的石家,依我粗略分析,还是和北魏拓跋氏有些关系的。从面相身板上看,北方游牧民族留下的后代和当地的"汉人"有些不一样:男人大都高高大大,很气派。我父亲这个人识些字,他曾经告诉我说,我们可能就是过去的"突厥"人。尽管没啥依据,也算有点"科学"推理。北魏时期,拓跋氏人入住中原,都是逐水而居。我们那儿靠山傍水,风调雨顺,很适宜农耕,应当是他们最先选择的定居地。按照当时北方的地理条件、北方游牧民族的迁徙路径,我们那儿都应当是他们住脚的地方,当地人在血统上肯定和北方游牧民族有些联系。

按照这些说法,我们这一宗人是从"西北"来的。那自然也就是说,我们石家可能就是当时的北方少数民族的人。因为铜川在前秦苻坚时叫"岱玉",这个称呼就不是中原文化中的地名称呼。这些有关地名的来历,以前都有文字记载,有其历史沿革等等,非常详细,但是现在已经遗失了。关中一带的村庄,人们对自己的氏族历史还是比较重视的。当然,大多数都是口口相传下来的民间传说。不过,这些传说也可能在史书上都能查出一些依据。

关中地区是农耕文明的发祥地,人类定居较早,传承下来的村庄规矩很多,也特别讲究宗亲关系。我们靠近关中,当地人也跟着学习这些老讲究。由于村上姓石的人口多,有三四十户,石家在村上就势力很大。不过，石姓的宗族已经分开成七八家。分开的直接证据是，这些石家的每个祠堂里都有一个大大的"神轴"，上面画着的都是一个共同的祖先。

"神轴"是画在一张很大的布上的人物画。一般都是家族祠堂续谱时请人在一大片土布上画上的自己的祖宗画像。被请来的那些"画家"，其实是旧时谋生的"画匠"，他们笔下的人物，看起来都一个模样。可是，在当时这却是很有意义的事情。至少，从上边的老祖宗到后世的承袭，都被排列得清清楚楚。

从神轴上看，我们石柱塬的"石"家是当地石家的第五代人。我们祠堂那个大大的土布轴子大概有七八个，年代久了，加之族人多数是农民，也闹不清先挂哪个后挂哪个，过年抬出来一并挂上，点香上供叩头作揖，整个家族都来拜祭这些"先人"。到了近代，那轴子上的人物下边都有了名字，这是谁、那是谁，在世当了多大的官、留有多少后代，都被一一记录得清清楚楚。这样的轴子，隔上几年就得"续谱"。祠堂里置办些土布，把那些祖先重新画一次，再添些死去的人名。

在我的记忆里，我可以讲清我们家上三代的情况。

我的老爷是弟兄两个或者三个。为啥在家族人口上会有这么不肯定的说法，因为那个时候，为了炫耀家族的男丁兴旺，有些上了族谱的男丁其实是"有名"无实的，"他"可能早早得病死了，或者被狼伤了，但都得把其姓名恭恭敬敬地记载在族谱上。至于"他"有没有结婚，到底活了多大岁数，后人都说不清。不过，一个男丁，"他"哪怕是十多岁就已经死了，只要结亲生了孩子留下了"后"，他儿子的姓名绝对会写在他后边的。所以，我们老爷辈活到成人的究竟是两个还是三个，我还真是说不清。后来到我爷爷这辈，有七个。那时候已经分开成好几家，不再是一大家了。到我父亲这一辈，就成了小家，有弟兄四个。我大伯、二伯、三伯，都是直系的。二伯父去世得早，我父亲最小。加上叔伯，我父亲这一辈的弟兄就十多个了，我记得我那个"九爹"和我年龄相差不多。

此前，我们这个家日子很穷苦，到了我爷这一代，日子才过得像点样。当地农户都是靠种一点地务庄稼养家糊口，就是那种接近于原始的农业耕作，普通农家的日子都是很艰难的。

我大爷是木匠。木匠、铁匠在村上算是有手艺的人，他家日子过得一直比我家这边好些。我爷爷为老三，他种着庄稼，还有些牧业。我们那儿山沟多，家里养了一百多只羊。在当时，一户人家养十多只羊已经算是很大的副业了，我真切地记得，当时我家的羊群是全村最大的。

我大爷除种庄稼外，冬闲了就挑着家具担子出村给人做木活。我爷爷不出门，专意在家种地，庄稼务得还不错，每年忙时还要雇请"麦客"收打。当时，弟兄两个已经是分了家的。尽管大爷他们的日子比我们这边过得好，亦工亦农，但也是很费劲的。做木工活也是个力气活，吃的是下苦饭，一个冬闲也挣不了几个工钱。我的亲爷种庄稼放羊，家里日子那更是紧紧巴巴。就是这个样子，我们两家和周围邻里比较，日子过得还算是村庄里数得着的好光景。

我生于农历一九二三年十月十一日，那个时候皇上已经没有了，换成了"中华民国"。孩提时期，最深刻的记忆就是坐着父亲赶着的木轮骡子大车上过一次县城。那个路真远，天不明一家人就哐当哐当地坐着木轮大车走，好不容易到了县城，人都快被颠散架了。我隐约记得，"县城"路边有很多卖吃食的饭摊子。人也多得很，熙熙攘攘，也不知道都挤着堆儿干啥营生。

在一个孩子的记忆里，县城就是很远很远的大村庄。

刘志丹住过我们家

我十岁多该经事的时候，最害怕的事情是"跑土匪"。"跑土匪"是我们那儿的土话，意思就是山上的土匪下来了，全村人就得上到村外高墙土寨里那些"窨子"（地窖）躲一阵子。土匪走后，全村人再下来回家做饭。

那时候，山上的土匪真多。随便一个山窝窝，都有占山为王的"山大王"。最令人害怕的是——我们家北边的黄龙山那时已经闹"红"了。一个小孩子家，只看见大人说"闹红"这个事情时神情很神秘，根本不知道"闹红"究竟是咋回事情。直到那年冬天，刘志丹领导的一支"红军"队伍来到我们那一带山区活动，我才明白"闹红"是住在山上的这拨人已经造反了，拿着枪和政府军明火执仗地作对呢。

记得那支红军队伍当时穿得很破旧，有些甚至是打土豪缴获来的长袍短褂，根本没有制服，也不像一支正规队伍。他们那个装扮和武器，还没有我们当地的民团队伍齐整。

记得红军到村上驻扎那阵子，是一个春天。当时，我刚刚十一岁。

这个时候，村里人都悄悄传说，红军最早在西边打游击，只是路过我们这一带，住几天就走了。这些"红军"以前都是和我们一样的庄户人，不祸害百姓。那时候还没有听到"打土豪分田地""马列主义"那些口号。可是，此前那些防红军的民团却把红军描绘成了"红胡子、红脸、红头发"的土匪。

记得一次农村集镇过会，红军的队伍在乡场上枪毙了三个在当地无恶不作的保安团队员，人们都去看热闹。后来，他们将欺压百姓的民团团长抓走了，其他团丁一律遣散回家了。那次，也有一些团丁跟着红军走了。

可是，我家却因为红军这次到来出了些麻烦。

我大爷有那手木匠活儿，在当时算是搞"工商"的。加上他这个人会算计，又是木匠，他家那边的房子修盖得就讲究一些。门口有三间大瓦房，后面还有几间厦房。红军一来，便看上他家的房子了。后来，刘志丹、高岗他们都来了，就住在我大爷家里。

不过，凭着这么多房子，人家认定他家一定是大财主。

那时候，我家这边的房子少，只有几间窄窄的厦房。搞农业的农户嘛，要盖大房那得几代人的积攒。虽然农业靠得住，但是，那时候的小农经济接近于原始的传统耕作，籽种肥料都很落后，一般农户一年的收成仅仅勉强糊口，根本没有富裕的粮食拿去卖钱来大肆修盖家院。

我们那儿是山区，住在这种地方有好处，也有很多坏处。好处是，土地很宽，只要肯下苦，碰上风调雨顺的年景，收打的粮食当年肯定吃不了，一般情况下饿不了肚子。不好的是村子距离县城远，交通比较闭塞，经常闹兵匪。

记得我五六岁的时候，遇上那个民国十八年"年馑"，相邻那些住在平原上的人都逃荒过来了。西安城那么远，那里的人也都一路到我们那里来讨吃。那年月，关中道饿死不少贫苦百姓呢。很奇怪的是，这些逃荒人流，都是妇女领着孩子，男人好像不多。那年，我们那儿雨水倒很适时，秋天的糜子丰收了。逃荒的就是为了奔活命，哪儿收了庄稼就往哪儿跑。后来，一些逃难妇女就在我们那里找个男人成家落户了。

至于闹土匪,历来都讲"据山为匪"这话,山区可以躲藏,官家也不好剿杀。我们那儿土匪历来就很多,有些贫苦百姓被逼得上了山,官家又以"绥靖地方"的名义来剿,也就是公开拉夫抢粮,杀猪牵羊。有时,这些公家人比土匪还能折腾,时常闹得各村不得安宁。

红军来的时候,山上土匪倒是少了很多。

石家在村子是望族,人丁多,地亩也多。我们这个小家族又是石家家族中光景较好的。可是,那个时候的财主,家家都只有点粮食积蓄,根本没多少钱财,充其量算是个土财主。

刘志丹的队伍来了,吃粮肯定是从我家仓库里掂。后来,队伍离开的时候,红军还将我大爷和大伯父带走了。红军认定他家是个大财主,让我大爷交出埋藏的银元赎人。其实,他们家没有什么浮财,除过粮食,只有看起来很气派的那一座大房。后来,家族里请人说事,加上刘志丹在他家居住的那些人情,人家也没太为难,不几天就把人放回来了。

我父亲是个比较开朗的人,后来还学着做点小生意。不过,他这个人没有我爷过日子那么有算计,做的生意都是些小生意。而且,赔得多,赚得少。他就一个嗜好,一味爱买地。每年忙罢,新粮食入仓前把陈粮卖掉后,他第一件事情就是置地。到了最后,攒了大概有七八十亩地,最多的时候有一百多亩。

他这个人就那样儿,舍不得吃、舍不得穿,就是记着置地。我们那儿地土也宽,加之兵荒马乱的年月地价也很便宜。要不,按他亲手置买的这些土地亩数,到了土改那阵子放到周边有些县份,肯定能定为大地主了。

我家地多,粮食收打得也多,这是真实情况。记得那时候,即使是青黄不接的春荒三月，我们家还向外卖粮食呢。农民嘛，也就知道种地打粮食，粮食就是他们最大的财产。

不过，那么多地种起来却比较麻烦。特别是麦收和秋收，一家老少都得围着庄稼打转。我上学那阵子，放学回家还得去放羊。一个财东家的念书少爷，戴着一顶"瓜皮帽"赶着一大群羊和小伙伴们一起上山做"放羊娃"，羊吃草，我们摘杏、掏雀窝，那个时光倒挺快乐的。我们那里是丘陵地带，除过种粮食，农家的经济收入来源就是养羊。农家有十几只羊，也是一大笔财产呢。羊毛、羊羔可以卖钱，羊粪是主要的上地肥料。

那个时期，号称"天府之国"的关中道广大农村普遍还是很贫穷的。就我们家的家境，一年四季倒是能吃饱饭，吃稠饭。但是到后来，就慢慢不行了，主要是我父亲在治家方面的算计差一些。他买地花的积蓄太多，加之买来的地又都是山坡地，肥料运不上，庄稼种不好，天旱一点就没多少收成。只是在名分上拥有这么多土地，在邻里面前摆个阔样儿。后来，他干脆把一些地租出去收租子。结果呢，租种的农户都是左邻右舍的乡里乡亲，有些干脆就是亲戚。他那个人面皮薄，性格懦弱，做事又碍于颜面，租子也收不了多少。甚至，到了催租子的时候，那些佃户比他道理还长，不是推脱说雨水不好，就是丁捐太多没余下粮食，总之是不给他好好缴粮。电影上常看到那些地主收租子坐着轿子，管家和背着枪的家丁穷凶极恶地进佃户家捉鸡牵羊很威风。其实，这种事情让我父亲这个人去办，根本就不是那回事情。每到麦子上场的时节，他就一户户给佃户说好话，和人家商量着看能不能多少交些租子。那个时候，尽管我年纪很小，都觉得这件事情很奇怪，到目前也搞不清楚是怎么回事，为啥自己的地收租子还得给别人说那么多好话呢？

但是，到了土改的时候，我们那些佃户把租种我家的地都一下子送回来了。那么多地，定成分时肯定都要算作我家的地亩。一户人家拥有七八十亩地，怎么说也是个小地主了。那个时候，我父亲还给工作队讲，他从来不"剥削"亲戚，主要是这么多地不能撂荒都得有人种，租子也是象征性地交多少算多少。人家才不买他那个账呢，你说你没剥削，收租子就是剥削，给谁也赖不过去。结果，土改定成分时给我们家定的是"半地主式"富农。

其实呢，那时我家也没啥像样的大房子，就是地多。这个事情真没法解释，谁都解释不了。按照我们家境的那个实际情况，是刚刚搭起大户的架势，还没闹出多少积蓄，基本生活也就是个富裕中农，比一般农民要富裕些。外表看起来家业挺大，其实只是空架子，家底很空。

隐约记得我小的时候，我父亲还有个嗜好就是爱买高骡子大马。庄户人，显摆的也就是各家的大牲口。他买的骡子一匹比一匹洋活（扎眼），跟个会，赶个集，看大戏，都套着马车，鞭子上拴着红缨，一路甩得叭叭地响，表面上看着轰轰烈烈，但实际上没有啥家底。不过，我父亲这个人算是个开明地主，寻常邻里借牲口、用农具，谁愿意拿啥谁就拿啥，借点粮食啥的也是有借无还，闹得家里也没有什么东西。农忙时他还给邻里帮点忙，倒是在村子里落了个好人缘。按照我父亲自己的观点，土地是农家的宝贝，比黄金还硬通。既不担心它会跑了，别人想拿也拿不走。只要老天出太阳，庄稼可以年年种，即使一季没收成，来年还能长庄稼。

我家到了我这辈有弟兄四个，两个去世了，剩下弟兄俩。我弟是医生，我二十多岁的时候，他才出生，我们两兄弟年龄相差二十岁。他现在是耀县拿得出手的医生，退休了还在开诊所。家里有几院房子，生活还是很不错的。

奶奶教我学识字

我爷一生娶过两房妻室。我的亲奶奶去世后，续弦夫人是黄埔村一个富家女儿。这个新奶奶不但年轻，还识文断字。在我的记忆中，我们家族就她一个女性识字。在我们那个山区地方，那时候男人识字的都不多，女人识字更是个很稀罕的事情。我爷自己大字不识几个，也不知道他们是因啥能被撮合到一块，最后又咋个能成亲，而且还和和美美地过日子。后来，这个女人活到五十多岁去世了。她的淑德很好，附近几个村庄的人都知道。

我是这个奶奶领大的。寻常，奶奶做针线，也看一些书。晚上，她就给我在灯下念书上的文章，也教我写字。可以说，在学习上，奶奶是我的启蒙恩师。后来，我上了村学，就是现在的村办小学那类学校，只教语文，没设算术。每次放学回来，奶奶会看我写的大楷作业，督促着让我背书、默写生字。老师讲的那些生字，我写得笔画稍有不对，她都手把手给我纠正。直到我去耀县上正规的小学之前，一些汉语初级知识，大都是奶奶在家教会我的。

说到上学这件事情，我们那儿的农户是很"势利"的。送娃娃去上学，目的仅仅是为让孩子识点字，会算豆腐账、出门不受人骗就行了。当然，有些富裕家庭，讲究得起"诗书传家"传统的那种大户人家，他们送孩子念书的功利性还是很明确的，那就是为了光耀门庭、读书做官。一个农家子弟究竟做多么大的官才算是把"官"做成了，他们也没个准儿。大约就是能吃上公家的俸禄，哪怕是乡政府抄抄写写的文员之类，都算是"官家"。让我们当地人去想象，谁家的子弟最终能当几天县长就破天荒了，绝对算是有很大名望的"大官"了。

我正规的初小阶段教育是在乡上受的，从九岁到十一岁这个时段，大概读了三年不到。可能我这个人自小也能算是个"聪慧"儿童，加之受奶奶看书写字影响，早早知道书中记载的那些村庄之外的故事，一直很喜欢上学。再一个原因，从小学到大学我遇到的都是很好的老师，经常受表扬，让我觉得学习是个快乐的事情，所以我成绩一直都比较好。

在读小学那个时段，我已经开始参加田间劳动了。放假后，家里就派我干点活。开始是放羊、割草。后边，就学着干一些大人应当掌握的技能农活。到了十三四岁，我啥农活都会干。只有一样，摇耧（播种）我不行。这是庄家行里的大技术活儿，也是个大力气活儿。其他的比如耩地、耱地、撒肥，我在那个时段都很快学会了。

我们那个地方是个"山边边"，地域气候很奇特，经常下"偏场"雨。就是山这边下雨，山那边不下。下雨后，我们这边的谷子、糜子得了那点"偏"雨，秋季庄稼就保住了。

由于这个气候条件，加上农人只要肯吃苦、地多、庄稼收成好，家家都不会饿肚子。于是，平原村的女娃娃都愿意嫁到我们这块"山边边"来。可是，这种产庄稼的好地方也有其不好的一面。那个时候，国共两党时常"拉锯"，我们那个塬就是两边的分水岭，闹得村庄上经常过队伍（驻扎军队）。抗战期间，我家这边被划到了国统区，北边叫"陕甘宁边区"。两边只隔一架岭，还时常搞摩擦。今天你派捐、明日我拉丁，闹得山民都不知道谁是真正的"政府"。

记得我小学没有毕业就上"高小"了，那得去县城里上学。上了一年多点，就遇上"双十二事变"。我高小念了两年毕业，毕业那年（民国二十六年）抗战就开始了。

唱秧歌的小"把式"

关中是个文化积淀很深的地方，农耕文明在这儿很早就很发达。别说历经秦、汉、唐完善的封建礼教那些正规道行，就是民风民俗也很讲究的：比如端午节挂香包、给小孩过满月、给老人过寿等，风俗一套套的。记得那个时候各村都有庙，小时候磕头磕得很多，见了神就磕头，见了长辈就作揖，过年都成了小孩子们的精神负担了。那个时候过个年，在巷道见长辈就得磕头，叫人把头都磕烦了。

正月初一到二月二，村庄都在耍社火、走高跷、耍狮子，非常热闹。村子相互之间还有比较。我们那儿靠近关中，也唱那些秦腔大戏，但那得有人花钱请戏班子来。在大多数的年景，主要还是一村人围在打麦场上自娱自乐唱秧歌。我们耀州那儿的秧歌的样式很多，和陕北的唱法形式接近，但内容和调调还是大不相同。

我小时候是村庄里唱秧歌的一把好手呢。

关中秧歌是一折一折的戏编成的。我爷爷是乡场上唱秧歌的老把式，我是慢慢随他学的。那时候，农村的娱乐活动少，正月到二月二是农闲季节，过了二月二（耀县二月二会）后农活就开了，就得下地干活，秧歌就停了。少年的时候，我会唱十几本秧歌曲子剧，如《大拜年》《小拜年》等各种式样的家乡小调。

农民嘛，就指靠过年那个时候热闹热闹。劳累了一年，过大年那几天才能让他们松口气，凑在一起闹点社火，起码精神能放松一下。

这种活动，也是联结邻里亲情的好机会。

唱秧歌要有一副好嗓子，还要有点扮相。我小的时候长得还是很乖巧的，加上嗓音好，是村庄上唱秧歌的主要演员。唱秧歌和演戏差不多，区别是，唱戏是在大戏台上表演，秧歌是在打麦场上耍社火。秧歌剧里也有生旦净末丑，我主演小生，带着"相公帽"、穿着大绸衫在场子里拿着扇子扭来扭去，又说又唱，算是一出戏里的主角。

我爷是个老社火头子，看我打小是个唱秧歌的好苗子，很小的时候他就有意带我掺和着玩这个。大点了，就开始在炕头教我"唱本"。上了场子，他唱"三娘"，我给他配戏。只要我们爷孙俩一出场，必定惹得大伙一片喝彩。那时候，村庄上的老老少少都好这个调调。

唱秧歌时，村与村之间、社与社之间事实上还是一场没有裁判的比赛。那时经常发生这样一种情况，就是一个社趁玩闹的机会欺负另一个社，如这个社唱《三娘教子》，那是一出教训孩子的戏。唱对台的时候唱这类戏，那意思就有点故意羞辱，把人家当孩子教训，人家能高兴嘛？如果那个社有女的唱，我们那儿叫坤角，那就更是热闹，都趁机挤着看人家姑娘的脸长得亲不亲。不管唱得好赖，都去评论人家女娃的脸蛋了。为此，有时候还有争吵，甚至吵得很厉害，吵着吵着就动手打架。反正就是一家压一家，看谁的手艺高。在当时的农村，唱秧歌也是很有意思的文化娱乐活动。

现在说来，这都是人类社会进程中的文化瑰宝。现在能唱秧歌的人很少了，有些年轻人可能都不知道秧歌是个啥东西。当然，社会都在进步，有些不好的风俗还是要改一改。比如，农村那些早婚的习俗。

十三岁娶了个小媳妇

十三岁那年，我还在上初中一年级，家里就给我娶了房小媳妇。那时的婚姻，完全是两家大人包办的。大人们之间关系要好，平时说得来话，一句话就替儿女把亲定了。也不问娃娃之间愿不愿意要这门婚事，定个日子通知亲朋就给我把小媳妇娶进了门。

我那个小媳妇也是本村的。三四岁的时候，我们还一起玩泥巴，谁也不知道大点会成为一家人。九岁那年我就出村念书了，十三岁成亲那年我已经在上初中了，尽管同在一个村，俩人多年根本就没正式见过面。定亲那天，我去她家吃馄饨席两人都没碰面，根本就不知道人家姑娘到底长得高矮胖瘦。她当然也不知道我这个中学生究竟变成啥模样了。

我这个小媳妇过门时也是十三岁，比我小一两个月。那时候，封建礼仪讲究那些"男女授受不亲"，两人出了小房都不能亲热地说句话，更不用说像现在的年轻人那么大大方方地拉着手去逛街买东西。当时，两人也就是那么点年纪的娃娃，啥都不知道，根本谈不上家庭和美。让我说，娶了这么个媳妇，基本就是家里添了个陌生的小妹妹，干脆点说，也就是给我妈找来个做饭拉风箱的小丫鬟。

随着双方年岁大点了，知道过日子了，我开始对这门亲事不太满意，又不能说出口。当然，自己也明白这件事情凭我在家里那个小地位，也没办法去更改，只能按照父辈的旨意过日子呗。后来，就有了我们的大儿子。可是，很不幸的是，随着我长期在外求学，到了新中国成立后，这个小家还是破裂了。

现在的老伴，是我后来工作后认识的。

她的父亲张东轩在新中国成立前在西安西二道巷开了一家洋车店，家里有几辆人力胶轮车，就像"骆驼祥子"拉的那个，租出去让别人每天交点钱。老汉是个很虔诚的佛门居士，在古城很有善缘，新中国成立后还被选作市政府的政协委员。去世后，市民还自发送来了一个写着"遗爱犹存"的大金匾。他有两个女儿，一个儿子，儿子不幸早夭。尽管家里不咋富裕，加上他经常拿着家财赈灾闹捐献，家庭日子过得并不是很好。但是，老岳父思想还是很民主，尽力供着女儿们上新型学校。那个时代，城乡民众的封建思想一样很严重，"女子无才便是德"嘛，让女娃娃上学那得是很开明的家庭做的事情。不过，我这个老伴自小聪慧好学，比我小了两岁。她上完女中，又考上了当时的西安高中，后来又念西安师专，属于知识女性。毕业后，她先在中学教书，后来调到市妇联担任秘书。多年后，又主动申请回到学校去教书育人，基本是做了一辈子教师。

求学之路

官名

民国二十六年，我考上了省立第一中学（当时陕西省立"一中"校址在西安）。

在我们那儿，民国年间能考进中学，接着继续花钱念书的子弟，都是书香门第出身。那个时候，哪个村出个考上中学的学生，去省城住校念书，在周围村子里都算是件大事，跟现在村子里考上个北大或清华的声势差不多。我家门户不算高，说破天去也只能算是个土财主。不过，我父亲那人自己不识多少字，也没读过《四书》《五经》，不知出于啥原因，却要求我一定要把学上好。他还公开表示，上到哪，他就供到哪。现在想来，是不是父亲从自身的处境里觉得一个男人做一辈子庄稼汉太苦，想让儿子好好念书考个官，从此后改换一下门庭？这个，我也一直没有问过他。

在家里，我的奶名叫"勤学"，这个名字是奶奶给我起的，很传统，也很有农业社会的特色。老人家每天都会虔诚地念一阵经，我很喜欢看她一个人默默念经时的那种神态，也时常偷偷翻看她那些个"经书"。其实，那些书并不是真正的经文，只是一些"劝善"的白话读物，记载的都是些小的佛经故事。奶奶发现我打小爱看书写字，聪敏好学，因此就把我叫了这个"勤学"。

我正式念小学的时候，全同官县最高学府就是一所高级小学。那所"高小"有我的两个亲戚，一个担任校长，一个是普通教师。

我们那里有个习惯，就是孩子在上正规学校的时候不能再叫小名，要有个正式"官名"。其实，我那个"勤学"的名字和同学们那些叫"狗剩""狗蛋"的比较，也能做个官名用的。可是，我那个姓白的音乐老师（也就是我那个表叔），这个人虽初通诗、书、礼、乐、易、春秋，却肯定不懂文字学、音韵学、训诂学，平时，他这个音乐教师也只是在课堂上教学生唱一些抗战歌曲啥的。有一天，这个人却无端地说我这名字太"土"，对我说，你不要叫"勤学"了，一个男人应当有个好的"官名"，就随口给我起个名字叫"兴业"。其实，这个"兴业"从字面上一看，明摆着就是"振家兴业，升官发财"的意思，还没我那个"勤学"顺口。

可是呢，这个学校的校长（我另一个表叔），他却很不满意我这个"兴业"的新名字，他说，国家现在都乱成这样了，还兴啥家业？要"治国兴邦"，为国家出力，怎么能只想着自家升官发财？最后，他就对我说，我看就叫个"兴邦"吧。我又不好说啥，觉得这个名字还挺响亮。从此，我这辈子就成"石兴邦"了。

在正式进省立一中的时候，我开始还在西安"立行中学"预习了半年时间。我记得我是春天到的立行中学，暑假转到省立一中的。

上中学时，我印象中的好老师很多。一中尽管教学很保守，但是学风很好，不论是国语还是外语，教学都是第一流的。我的年级主任，是个管理德育的老师。一中有个校歌，歌词就是这个人亲笔写的。他给我们解释说，一中是"关学"的正宗。关学是北宋哲学家、思想家、教育家张载在陕西眉县横渠镇设帐讲学创立的，为后世留下了许多宝贵的精神遗产，其中"为天地立心，为生民立命，为往圣继绝学，为万世开太平"的名言和"民胞物与"的治世理想，现在看来，依然是很好的。张载是关学学派的创始人，正是这个人在关中地区讲学而形成了一个大的学派。在当时，比他稍晚的是程颢、程颐兄弟创立的洛学，再就是理学的集大成者朱熹的学派了。关学和洛学是理学的学派之一，也是朱熹思想的先驱。从眉县"起根发苗"的张载关学思想，最终成为一个有独特学术旨趣和风格的思想流派。他的思想还成为推动中国传统儒学发展的精神动力之一，对宋以后历代思想家和知识分子产生了极为深远的影响。

一九三八年，也就是传统上讲的抗战的第二年。这年秋天，日本人开始对西安周边进行轰炸了。有时，这些飞得很低的螺旋桨飞机从我们头顶飞过去炸兰州，机身上那些"红膏药"标志站在地面上的人都看得清清楚楚。日本人当时想打过潼关，占领关中，再威胁西南，动摇中国抗战的大后方。

那时，天上整天飞着日本飞机，空袭三天两头就来一趟，学生整天躲飞机、防警报，闹得学校根本不能上课。一直到了下半年九、十月份，只要是晴天，我们还几乎每天都在"跑反"。那时候，西安城里防空洞很少，人口又多，政府只好疏散城市人口，西安许多学校被搬迁到宝鸡、汉中等地。不到几个月时间，西安一下子就成了空城。全城除防空、军警外就剩下政府的机构，有些工厂都搬到了周边县城。三原交通好，距离西安也近，搬来的单位也不少。再一个就是汉中。汉中呢，四周有大山，比较安全，又靠着汉江水运，交通比较发达，那时候，北京、南方一些流浪学者都集中在那儿，设立的学校也不少。

我没跟着学校去汉中，转到距离我们家较近的三原三中（省立第三中学）继续读书。

在一中虽然不到半年时间，但是对我影响还是很深刻的，我一生都很怀念这段日子。一中出来的学生，那可了不得。国民党里面几个将军，比如关麟征、杜聿明等，都是我们一中出来的学生。

记得一中当时那个校歌歌词大概是——

一中，一中，可爱的一中
荟萃三府之精英
锻炼体魄，修养学性
济济一堂，乐融融
关学重实践
驷铁美秦风
好青年，好学生，远道任非轻
莫让那娇子立柱
燕然勒名
千载独光荣
……

歌中的"三府"，是指陕西关中的东府（渭南）、西府（宝鸡）、西安府（西安）。这首校歌，是我有生以来开始学唱的第一首现代"歌曲"，其中的内容，对我这一辈子也很有影响。

我在一中是甲班生，到三中也是甲班生。就这么仓促地转了校，也仅仅上了一个多月课，学校就放寒假了。

第一次看见"共产党"

当时，耀县和铜川都没设立中学，我只好转到离家近的三原"三中"借读。到了三原，安下心来上课，我慢慢发觉三中和一中的学风很不一样。一中设立的历史比较长，关中学院沿革下来的嘛。一中的教师都是搞学问的，三中是新成立的，师生的思想都比较活跃，政治气氛比一中浓。

当时是抗战期间，三中这边成立了青年训练班，好多学生都在这个训练班待过。我由于去得晚，没能参加上。

抗战一开始，全国的联合战线形成后，三原和耀县那一带全部驻扎有共产党领导的八路军。他们的番号是"国民革命军第十八集团军第八路军"。在街上，我们经常能看见身穿军装的"八路"官兵。这个时候，我才第一次亲眼见识了报纸上常说的"共党"。于是，我心里也产生了些疑问：这些身穿灰军装、帽子上也一样戴着"青天白日"徽记的仁义之师，咋可能是原来报纸上被刻画为青面獠牙的"共匪"呢？

说实在的，八路军纪律相当严明，在当地不但不抢老百姓的东西，而且公买公卖，口碑很好，是很少见的队伍，当地人都喜欢和他们打交道。他们那些宣传兵在街头也经常拿着纸喇叭给群众解说一些他们的主张——"共产党是天下穷人的党，八路军是穷人自己的队伍"……

在三中上学不久，共产党的力量在当地从有点小影响到变得强大起来。那个时候，看起来是"联合政府"，国民党还是防备着共产党趁机"赤化地方"，就将很多单位的负责人进行了调整。三原三中进行整顿后，包括原来的校长、教务主任和教师，换了一大批人。省教育厅厅长也换成了王洁山，这个人做的第一件事就是把原来在三原三中的人整合起来，成立了"兴国中学"，将有资历的好教师全都编到这个学校。当时，李瘦枝到"兴国中学"当校长，许多进步人士、民主人士、爱国人士都集中在这里。

  按照我的观察，原来的校长雷振江、教务主任王世增（政治大学毕业）其实还是倾向于国民党的。不知是啥原因，还得不到当局信任，被撤换掉了。

  记得在一次出早操的时候，雷振江校长给我们训话说：学生就应当好好学习，不要参与党派政治活动，努力做一个报国建国的有用人才。现在说来，这些理论都属于知识分子的愚忠之类，但千百年来，一代代的中国知识分子都是这么修身的。

  当时，我们那一期中学学生年龄都偏大，有些学校还有儿子和父亲在一个班级读书的情况。在三原这么一小块地方，集中着这么多人才，共产党当然也很重视这块地方。可是，在当时，国民党的"三青团"在学生中间的活动属于"合法"的，也公开地排挤共产党在学生中搞活动。于是，有一些进步的青年在当地待不下去了，纷纷退学去了延安，投奔了共产党。

参与"政治"

在中学阶段，我那时只知道上课，搞好自己的学习，课余时间喜欢写点小诗，属于现在讲的"文学青年"那类学生。那些关心"政治"的同学经常为各自政治观点争执得不可开交，我却整天盘算怎样把自己在学校壁报发表的那些诗整理好，准备积攒一部分文章出一本自己的诗集。

当时，学校时常会办一些壁报，就是在墙上贴着纸，在上边写一些文章公开宣传。我的毛笔字好，也能画几笔，办的壁报看的人很多。国民党支部在学校也办了一块壁报，可是前去看的人却不多。后来，学校就把我们办的那个壁报和国民党支部办的壁报"合并"到一起了。名义上是一块办，实际上是把我们吞并了，不准我们自己办。

当时，第二战区有个"中国文化服务社"。那个"社"的功能很齐全，可以出版书籍。我那时爱好文学，那些刊物上各个"大家"的东西我都喜欢看。当时全国的新文学运动正在兴起，郭沫若、鲁迅等成立了很多学派。我们学校里面也是如此，大家为了民族命运而热血沸腾，我便和几个同学成立了一个文学社。我记得成员有马东正、杨忠洲等四五个学生，我们模仿郭沫若的"创造社"，自己闹了个组织，名字也叫"创造社"。但是，学校不允许学生自行搞社团活动，更不准乱出刊物。我们跟学校争辩说：我们同学之间为了互相促进学习，出个学刊，为什么不允许？一看我们几个闹得还很凶，年级主任季功德老师就只好同意了。

我们出的第一期学刊名字叫《攻坚》。但是，到校长那里审查的时候，他说，你们这只是为了相互促进学习，就改为《互利》吧。名字改就改了吧，反正能出刊就行。当然，虽然说的是学习上的事，也可以在那上边就一些爱国呀、抗战呀、三民主义、共产主义等有关政治的话题发表各自看法。当时，我是主编，马东正写诗，也写点小品文，杨忠洲是美编，穆振亚写小文章。这个小刊物在三原最后慢慢地闹得稍有名气，还吸引了一些同学来主动投稿。我喜欢作诗、长短句之类，不几天就有点出名了，还有同学称我为"诗人"。

当时的三中，也只有我们这一个刊物。尽管编辑、写稿、刻蜡版这些事情很辛苦，还得自己花钱买纸张。但是，在我们几个的努力下，硬是坚持了一年多时间。

抗战那阵子，成立联合政府了，言论看起来宽松，政治却很复杂。陕西关中属于第二战区辖地，胡宗南是副司令长官，他的部队长期驻扎在西安。阎锡山是正职，人却住在太原。三原紧北边，又是共产党的"苏维埃政府"。国民党讲三民主义，共产党讲共产主义，这么多政治观点集聚，闹得学生们不关心国家政治都不行。

而这个阎锡山，担任着国民党的要职，居然和政府倡导的"三民主义"主张还有些不同。他在自己的二战区执行的是"物产证券、按劳分配"的"民主主义"。为了阐述这个观点，他个人还著述了一本书，我记得那是一本印刷很粗糙的毛边书，是当时他那个"中国文化服务社"的公开出版物。他在自己的书里边写道：共产党是"左"的，国民党是"右"的，我"阎老西"走的是一个"中间道路"！我对这本书也仔细研究过，里边还真有些很复杂的东西，这个说起来有点"土老帽"的地方军阀,思想还很有点小激进呢。

除了这个以外,阎锡山还出钱办了一个《黄河》月刊。那上面登载的都是些抗战勇士的英雄事迹,我最喜欢看这个,还投过稿子。这个刊物读者也挺多,在当时的二战区是公开发行的刊物。通过这些刊物我逐渐发现,一些后来很有名的大人物,当时都在这个地方刊物上面发表过不少东西。这个刊物持续办了两三年时间,我家里收藏了好多。可惜新中国成立后,我自己担心收藏的这些旧报刊惹事儿,全烧毁了。

说到阎锡山这个人,没文化办文化,啥他都闹,也都没闹出什么结果。他在我们附近成立了一所"抗日民族革命大学",四处招生,声势蛮大。招的那些学生成分很杂,陕西当地和全国各地的人都有,年龄也很悬殊。可是,不知啥原因,他培养的那些学生不跟着他走,大多数投了共产党。有一些人就是从三原这所"抗日民族革命大学"接触到了共产党,最后去了延安、晋察冀等地。后来,阎锡山还组织了一支"抗日新军",队伍发展得倒较快,结果,毕业后全部投靠了共产党。那个时候,我们都说这个"阎老西"绝对是共产党的后勤部长。

兵荒马乱的高中学涯

三原三中开始只开设初中班，一九四二年开始设立了高中部。上高中的时候，尽管国家正处于抗日战争时期，我们那个时候还是学到了不少东西。

山西沦陷后，"二战区"的山西大学因日本占领了太原，不久也搬到了三原。我们高中部新招来的那些代课老师，有些干脆就是大学讲师、副教授。给你讲地理啦、讲生物啦，什么都讲，无意中就夹杂着某些大学的课程，课程质量很高。学生也是来自五湖四海，几乎北方哪个省区的都有，南方沦陷区的也不少。

我们那个雷振江校长主政三中以来，对学生功课抓的那是相当地紧。十天一大考，三天一小考，学期底还公布名次。我在学校的成绩是相当好的，一直保持着初中"三甲班"第一名的名次。

我们那个时候的学级年号编排是按照"民国纪年"编排的，现在的人肯定觉得不好计算，其实也就是一九四一年那一级。

那个时候，考试第一名的学生有个好处：学校规定，成绩好的前几名不用交学费，可以免试直接上高中。

本来，我初中毕业后已经打算回家教书去。农家子弟嘛，当时让鬼子闹得山河破碎，东北、北京、上海、南京的学生们也没啥出路，就我们陕西这块地方还算安宁，我觉得毕业后在家乡当个教书先生也不错。再说了，初中还没毕业那阵子，乡里的学校都把我"预订"了。

后来，同学们都给我出主意说，你成绩这么好，可以免试免费上高中，不上多亏？早早跑回家守着小媳妇有啥意思！我当时也想继续求学，加上经不住同学们劝说，稀里糊涂就跟着他们又报名上了高中。

我的高中学级是"民国三三级"，也就是一九四四年毕业的那一期。

当时，社会情况越来越复杂。陕甘宁边区就在我们北边，耀县那块是个分界线，以北以西是共产党的势力，以东以南是国民党的势力，我们家在偏南这边，属于国民党政府管辖的范围。

当时，国民党在抗战中闹那个"反共高潮"，在我们那一线修了个碉堡线，明显就是为了封锁北边的共产党。那个碉堡一截一个，从我们家一直修到淳化那一块。修的时候，都是以"支援抗战"的名义，花费了很大的财力物力，闹得当地老百姓真是有点不得安宁。讨厌的是，那些守碉堡的军队根本不是国民党的正规军。国民党正规军都驻扎在西安，根本顾不上三原这边。我记得西安当时那个守军统领是陶峙岳将军，这个人后来投了共产党，就是带着起义部队解放新疆的那个陶峙岳。

那么长的碉堡线总得有人守，政府就找了些当地人组织起了保安团。那些个"保安团"，说白了就是政府派人把一些占山为王的土匪、散兵游勇和村镇里一些游手好闲的地痞流氓收编起来，发给他们枪就算完事。我记得当时一个县组建一个团。关中道上这样的民团也都是这个时候建立起来的，都编有番号。就是这样的队伍，乱哄哄地就开着去了，驻扎在当地维持治安，可把当地百姓祸害惨了。

我们老家那个地方是一个很敞朗的、也很重要的战略要地。从古到今，都是兵家必争的地方。这些保安团在村上住下来，三个月一换班，折腾着要吃要喝，一驻就是一连一营。大概有两年的时间，不说别的，我们家的那一圈羊硬是让这些人给吃光了。说起来人家还是掏钱给你，一只羊给你扔一块钱，爱要不要，实际上是白抢。

当时，这个陶峙岳集团军就是为了对付陕北共产党的，轻易不出城。后来，还给我们那儿调来一个"七十二师"，那是马鸿逵的部队，宁夏来的。这支地方军一天就知道和共产党做生意，买卖大烟。当时的根据地种大烟制造止疼药，马鸿逵的部队买过去后，再卖给他们当地那些瘾君子吸食赚钱。他们给边区这边换些粮食、医药、盐巴，反正他们也不吃老蒋那一套，只顾自己赚钱。

那时，虽然是抗战时期，国共表面合作，但双方还是经常搞点小摩擦。我们那儿风调雨顺，贸易繁华，基本就是陕甘宁边区政府的"后防基地"。陕北那个不毛之地，又没有多少物产可以养活那么多军队。有些东西，需要在周边采购。好在我们当地老百姓都是经过乱世锻炼过的人，确实"皮实"得很。今天跟共产党，明天跟马鸿逵，反正是做生意赚钱，用的那些票子也五花八门，谁家印的都有。

记得那个时候，学校经常给师生们讲"抗战建国，抗战必胜，建国必成"那些话，告诉我们"军队在前边打仗，将来建国靠啥呢，就是靠你们这些学生"。所以，抗战期间，国民政府对青年学生非常好，很重视青年一代的思想教育培养。我们当时的食宿，不管是在三原也好，西安也好，让人没有觉得那是战时，学校的物资供应都很充分，环境也很安定，那真是不好好读书都觉得对不起国家。单从教育上讲，抗战期间的大后方，在这方面还是很扎实，比任何时期发展都快。

我上高中这个时候，三原县已经由只有一所初中变成了有八所中学。就那么个小县城，一下子涌进来那么多人，大白天街道上人头攒动，显得十分繁华。那时候，各个学校还时常搞竞赛。有些是体育比赛，有些是作文比赛，还有一些学术上的比赛，闹得还蛮正规的。

说也奇怪，抗战八年，我们那儿却年年丰收。正在战争期间，有一丁点灾荒就不得了。你想，那么多军民，吃饭都成问题的话，社会秩序肯定得乱起来。那个时候，中原一带蝗灾很严重，饿死了不少人，我们那儿却一直风调雨顺。

当时"陕甘宁边区"的学生也到我们这边来上学，把这边的"中华民国"还闹得没办法，专门为他们设了一个"中山中学"。那所学校设在耀县塔坡底下，"苏维埃共和国"来的人被指定在这所学校上学，课程跟我们差不多，就是他们那个学期不太统一。我有一个堂弟，就在"中山中学"上的中学。

我上高中时已经不喜欢闹文学了。功课多了，那时的教育也不是像现在这么"文科""理科"分得那么偏，那时讲究"全才教育"。什么叫"全才教育"呢，就是德、智、体、美，样样都得学。

德育就是思想品德，讲的是"忠孝仁义礼智信"。智育主要看学业成绩。体育呢，那个时候开展得也很好。学生不论在哪个方面冒尖，在学校也就有了名望。记得我在一中有个同学叫曲新星，篮球打得好，人也长得很气派，同学们口头就有了个顺口溜——"立眉瞪眼曲新星，只来观望全一中"。这是因为这个人篮球打得好，很有名的。那个时段，各个学校都有学生自己崇拜的"冠军"级人物。就像现在社会上那些"歌星""笑星"，在田径、排球、篮球、网球各个门类都有。还有那个"美"，美就是书法、绘画，这些尽管是副科，一样要算成绩，要考试。和外校比赛也有奖品，也有荣誉。

后来，学校里的教师都换了，校长换了两任，最后这一任是王思树。这个校长对各项成绩出色的学生更是有点偏爱。我在学校参加比赛，都取得过好成绩，他对我就格外好。

半工半读的日子

上高中二年级的时候，我家遇到不少困难。主要是驻扎在村上的那些民团，把我家那一圈羊硬是一只只吃光了。那些"老总"凶得很，给你撂一块钱拉你一只羊，你也不敢说啥。加上保甲今日这个"捐"明天那个税，我家原本还算殷实的富裕日子，两年不到就给弄得全家生活都接济不上了。

断了家庭接济，我的书几乎都念不下去了。我们那个王思树校长是个好人，他偷偷让我顶了一个"学生干部"的份额，领一份学校按月发放的工资。其实，那个"学生干部"类似于现在大学的辅导员。我呢，实际就是个地地道道的"工读生"。当时，名义上是我"个人"领的这一份"学生干部"工资，私下里却养着四个贫困学生。我年龄大点，老师指定我领取这笔钱并负责分配使用。那时候，我们几个吃这份"饷"的"学生干部"，主要的职责就是帮学校加班干一些抄抄写写的活。我们几个毛笔字写得都相当好，人事科或者教务处有啥需要誊写，我们就熬夜加班。名义上，学校工作需要招聘"学生干部"，实际是老师为了帮助我们几个家庭困难的学生解决食宿，让我们不至于因之辍学。当然，我们都明白这是我们那个王校长施的德政。只有好好学习，各方面都努力做好，才能报答恩师对我们的大恩大德。

记得那时有一个"青年节"（国民政府的青年节），举行了个论文演讲比赛。比赛讲的题目是"中国青年第三次团结的意义",也就是讲抗战时期青年团结的重要性。当时,一个学校派三个代表参加比赛。那是一次学校之间展开的竞赛性的正规大演讲,并不是谁都可以自由报名参加的民间活动。结果,在二十多个代表的激烈比赛中,我居然无意中取得了第一名。

后来,我还参加了几个学校的书法比赛,也得了第一。我在中学那阵子,写的颜体就挺好,有一点基础。在家里上村学,先生布置的作业主要就是写毛笔字,我们那儿叫"写大小楷"。练习书法,讲究的就是童子功。我们那个王校长也是个有书法功底的文化人,他是立法院于右任手下出来的,书法很好。他发现我的书法还有点小造诣,就请茹卓亭先生指导我们三个书法得奖的同学习字,经常让我们去茹卓亭先生家里,给我们"开小灶"。

茹卓亭老先生当时是国民政府的审计部长,是国民政府有名的"才子部长"。可是,这个人在官场一直和何应钦闹不到一起,最后闹得矛盾挺大,便请假回到陕西老家"养病"。这个人的书法功底很地道,书法作品那是相当厉害。我们校长那意思,一方面是自己学校出了个小人才让他很自豪,另一方面他想让先生指导一下我们,省得我们以后在这上边走偏路。没想到,茹老先生一眼就看上我了,很高兴收了我这个弟子。后来,我一直到他家里去请教习字。在大师的指导下,我的书法就慢慢上了正道,自己也越写越有劲道。上大学时,我之所以自主选修"金石学",也是因为跟着茹老先生的这段时间对练习汉字书法产生了浓厚的个人兴趣。后来,我和茹老先生的孩子关系也都很密切。他的一个孩子后来也在我们文物系统工作,就是那个茹士安。从某种意义上来讲,我们两人还算是发小呢。

我还参加过一次学校组织的大型美术比赛。记得学校宣布这个决定是在放忙假前,只安排参赛者趁着忙假去创作,收假回来拿出作品进行艺术评比。

我家在耀县,靠山的麦子熟得晚。三原这边放忙假了,我家那边的麦子还没熟。想想回去也没啥事情,趁着这个时间,我拿了一张大白纸,坐在学校后边的崖头上画三原"龙桥"。花了整整一个忙假的时间,终于把那个龙桥细细勾画了下来。忙假后,我把它交到学校,后来还作为好作品被学校收藏了。

在体育上,我个子不高,打篮球不行,参加的是学校的排球队。我们那支排球队在八所学校里也是有点名望的。可惜,在比赛中成绩尽管不错,也取得到过一些名次,却始终没能拿过第一。

替人做"枪手"错进大学门

抗战时期，大后方的中学都搞"会考"制。像现在的高考一样，每所中学在每年这个时候也十分重视这件事情。

记得我们那年的会考地点设在三原北城那个职业学校里，省里来了个督学，带了一批人监考，闹得气氛很是森严。一直考了两三天，试卷都要送到省城判卷。最后，陕西省教育厅还得把成绩报到重庆的教育部备案。

那一年，我的会考总分成绩是陕西省第一名，全国第九名。

按照我取得的这个成绩，在选大学志愿的时候，本人愿意进全国哪所学校都是可以免试去挑拣的。

当时，我在大学的志愿表上填的是中央大学的"边政系"，再一个是新疆学院民族系。在高中阶段，也不知是啥原因，我突然对张骞通西域，马援和班超的那些英雄故事很感兴趣，觉得男儿就应当"马革裹尸"，做一番大事情。所以，我认为选学这个专业，将来毕业可以到边疆去建功立业。

为了这个志愿，还闹了一点小笑话。那时候国民党的教育部设在重庆，人家把全国"十大状元"的志愿表挑出来一看，我这个"陕西状元"居然填的是毫不起眼的冷门专业，那些老学究都百思不得其解，甚至怀疑我这个"陕西冷娃"脑子肯定有啥问题。放到现在，这件事情就好像一个已经被"清华""北大"那些名校热门专业录取的状元,却自主放弃录取,选了个一般专科大学的烹饪专业。

也难怪,"边政系"也是那年全国才设立的新专业,许多中学教师都闹不清楚这个系究竟是教授啥课程的。当时,全国(除沦陷区)成立"边政系"的高等学府只有两个。一个是西北大学边政系,主要管西北和东北,再一个就是中央大学的边政系,主管东南这一块。当时苏联人在新疆那一块支持的地方民族活动已经闹得相当厉害,国民党当局也看到了这一点,为了战后解决边疆问题已经开始着手培养干部,在高等教育这个环节设立了这么个"新"系。

其实,所谓"边政",也就是中国古代边疆的管理制度,盟旗制度、政教制度、土司制度这些内容。开设这样的专业,主要是当时中国政局稳定的需要。开设这些边疆民族文化的课程,目的是培养"治边"人才。"边政"这两个字,就字面来看好像不完全和政治沾边,其实讲的就是国体安危的大"政治"。它是关于边疆的民族、历史、文化及相关知识的研究学科。当时,苏联对新疆,英国对西藏,法国对西南,到处都在挑事端,中国的边疆地区,在那个时候都被那些国家控制过,遗留的边境民族问题很复杂。那时候,抗战快结束了,无论是在战争中加剧的,还是历史遗留下的边疆问题都亟须解决。当时,外蒙不是趁机独立出去了嘛。牵涉这些话题,其核心一个是民族问题,一个是文化问题。

我是陕西会考状元,按照本人志愿,可以同时报两个志愿。结果,我一次性取得了两个大学的入学资格。一个是中央大学的边政系,一个是武汉大学的政治系。而且呢,开学后还可以由我自己来挑到底去哪个。最后,我决定到中央大学的边政系去深造,因为我受到中学时代爱国教育的影响,对边疆的事情已经很热衷。说穿了,在陕西一中短短的半年时间,"关学"那一套理论对一个知识青年的人生影响太大了。当时,我一门心思想到边疆去建功立业。那个时候的学校,也很重视爱国主义教育,有许多乡土文化教材。我记得校歌上都有歌颂英雄的内容,让我印象最深的就是张骞出使西域经历的千辛万苦,还有后来的班超在西域几十年间游说各国归附汉朝,直到终老才回到长安。这些民族英雄,在历史上做的贡献,也影响着我们这些后人踏着他们的脚印去建立人生功勋。

在许多同学面对人生选择不知所措的时候,我这个一门心思等着去报到上学的"状元"却无事可做。回家去吧,我也懒得再干那些农活,就赖在学校闲逛。也应了"人闲生余事,驴闲啃槽帮"那句老话,这个时候,我却在自己未来命运这个问题上和自己开了个大玩笑。

那时候,大学一样很难考的。我们那一期毕业班有好些同学都没考上正规大学。这个时候,"中央党校"(现在的台湾政治大学前身)就在学生中间"补招"专科和研究生。"中央党校"是国民党培养行政管理方面人才的学校,牌子很响的。按照招生简章的字面上讲,和一般大学一样,研究生比大学高一级,专科比大学低一级,都是学习地方管理的学科。不同的是,他们那些招生的居然在学生中公开讲,他们那个学校培养的是政府管理的高级人员,研究生毕业后分配的职务类似于行署专员,专科毕业基本是搞乡镇工作的,本科是培养县级干部的。

年轻人都有故事。我这个人怎么说呢,那一段闲来无事,看人家忙着考试,就跟着几个同学凑热闹,居然阴差阳错又"考取"了"中央党校"的"地方自治科"。

为什么半道上要"考"这么个学校?说起来也挺可笑的。我们班当时有几个挺要好的同学没能考上正式的大学,情绪都很沮丧。

后来,听说这个"中央党校"好考得很,报名的时候,学生自己可以自主地搭班子组合起来报名,考试时还可以坐到一起集体答卷,录取率很高。我们当然不知道,当时省党部的青年组织"三青团"为了给国民党收拢落榜的青年人才,实地操纵了这次招生,目的就是为自己培养"新生代"。后来,国民党的党校还真的将这个学校交给了"国家",成了名牌正规大学。不过,他们当时对各校的保送生和本科生的政治条件要求还是蛮高的。

就这样,经不住几个要好同学的恳求,我去给他们"帮了一次忙"。胡英南、李玉民、陈俊英等联络了当时三中没有考上大学的七八个很要好的同学,一起报名一起考试,座位也挤在一起,拉我去做了"枪手"。那样,他们可以互相照抄我这个"主心骨"的试卷,把握也就大得多。后来,进了考场,还真的没有监考。几个教室做考场,只有一个重庆来的负责人装模作样地"巡视"了一下。

就这样,出榜时我这个已经被两所名牌大学特别录取过的学生,居然也在"中央党校"那一拨儿录取人员名单里。

蒋介石是我们的大学校长

九月份，我给同学当过"枪手"考上的"中央党校"最先开学。这个学校比我所报的"中央大学"开学早一个月。当时，我待在家里无所事事，加上从小到大从没出过远门，看到同学们打起背包准备出发，自己也想早早跟他们出门去游玩游玩。正好，那几个同学也一直鼓动我跟他们一起走，于是，我也便和他们搭帮去了重庆。

记得那次和我一起考上中央大学的还有个同学叫赵廉，是咸阳的。这个同学的学业很好，也是学校的学习尖子。当时，他和"三原女中"的一个同学偷偷恋爱了，女的却没有考上大学。他不愿意离开未婚妻，就自主留在了陕西。反正他也是个保送生，可以自由择校。后来我听说，他就在当时刚刚成立的"陕西师专"读了师范专科。

我跟着一伙开学早的同学来到重庆后，就在"中央党校"（也叫"中央训练团"）校址附近叫"两路口"的地方住了下来。抗战期间，中央大学、北大、清华这些名牌学校都搬到了云南。不过，中央大学包括的分校多，其中八个学院集中在重庆。法学院、民族学院也都在那里。那儿距离"党校"近，走路过去特别方便。

中央大学这边还没报到，我一个人也没啥事情，就经常跑去训练团找同学们玩。到了那里，哇呀，他们正搞军训，穿的都是军服，威风得很。到了开饭时，学生灶的伙食也相当好。因为这个，我就眼热了。他们一看我动心了，就煽乎着对我说：上你那个"边政系"

有啥出息,还不如咱们一块不要分开,在哪儿上不是上学,干脆就在这边上算了。结果,我经不住他们的再三相"劝",就稀里糊涂在这边跟他们上课去了。

我是个全国状元,想在哪儿上都行,人家学校还巴不得拉拢我过来给他们装潢门楣呢。再说,我当"枪手"也是被这边的"地方自治科"正式录取了的。

后来我才发现,在这里授课的很多老师都是中央大学那边来兼职的。虽是军事管理,但学习的基础课程还是大学课程。除了专修外,研究生也招生。而且,这里的许多在校教师都是从全国各地挑选来的优秀老师。当时,随我们去的还有两个陕西籍教师。三原三中的一个李先生,是地理老师。另一个是西安一中的蒋德,是外语教师。这两个教师在当时的陕西教育界都是很有名望的鸿名教师。尤其是蒋德,他在一中的声名,比校长还响亮。

开学了,我才知道我们这个学校的校长居然是蒋介石先生,教育长是他儿子蒋经国。由于一笔写不出两个"蒋"字,我们陕西来的蒋德老师在那里就吃得很开。后来,那个李老师从政回了老家,负责陕西地区的国民党的政治事务,最后他干什么去了就不清楚了。只记得当年这个学校专修科招了五六十人,研究生招了六七十人。之后,学院在这些研究生中还招了一个"议员班"。

说实在的,并不是因为我想上这个学校,纯粹是帮同学当"枪手"瞎打误撞,后来又看上这边那些在校和毕业后的待遇了。

这个时候,已经到了抗战后期。国民党政府已经着手准备光复后的事情了,在全国闹"十万青年十万军"的运动,极力动员青年学生从军。那个时候,湘桂会战刚刚结束,涌来的难民和学生很多。重庆这个山城到处是贫民窟,乞丐遍地、垃圾成堆、苍蝇乱飞、臭气熏天,街道上那个景象简直惨不忍睹。那些流亡学生没有生路,有的干脆就成了散兵游勇。蒋经国号召这些失学青年去当兵,不但有他的政治野心,也有稳定社会的直接用意。当时,山城到处都设有招兵点,有些在校生还没毕业也稀里糊涂从军去了。

  我在"中央党校"留了不到一年时间,远在西安那边的老师和同学多次来信,希望我在学术上有所建树,不愿意看到我这个高材生毕业后去从政,一直动员让我回中央大学那边去学点有用的立身本领。那个时候,我也感觉他们说得有道理,就萌生了转回中央大学继续学习法学的想法。

改邪归正进"中央"

在"中央党校"学习这一年时间里,我感觉到这个学校对待学生有许多"偏差"。首先,他们对研究生部那边特别重视,对我们专修部并不是很重视。蒋经国当时是我们"地方自治科"的系主任,但他根本就不管系里教学的事,整天搞他那个"十万青年十万兵"的扩军运动。有点空闲来学校转悠,也是去他那个宝贝"议员班"和"政工班"视察一番,我们这里就交给了一般干部管理。加之,当时我们学的是西方的政治,一切都生搬硬套。在我们那个"地方自治科",班上居然闹起了"总统制"。譬如说选举个班长啥的,整得就和美国选举总统的形式一样,还到处拉票搞演讲。

在这边渐渐没了开初的新鲜,加之这里的基础课已经讲完,开始讲那些政治理论,我觉得继续在这边待着也没啥意思。幸好那一段老家那边的许多老师同学也写信催促,我就偷偷去中央大学那边先把我的学籍保留了下来。

第二年九月开学,我给这边打了声招呼,就大大咧咧地去中央大学办理了重新入学手续。

记得当时中央大学一年级在松林坡西边,一边靠着嘉陵江,距重庆大概有四十里。抗日战争期间,"陪都"这边涌来很多学校、工厂和国家党政机关,大学办学条件很艰苦,这边学院的名气蛮大,校舍还真的不如中央党校那边好。但是,校园内宁静的学习生活和

1948年在中央大学（南京，左一为石兴邦）

大街上的难民成灾、饿殍遍地的情形相比，那还真是像在天堂过的日子。

到了这边，我除了基础英语外，其他就不用学了。因为这边开的基础课，我在"党校"那边已经学了一年。不同的地方是，中央大学这边考试很严格。第一学期完了，我正好碰上了一次年级大考试。以院为单位，要求人人过关，因为是共同科目，并不分系，整个年级的学生一起通考。考完后，还放了红榜。幸运的是，我这个"半路跳槽"来的人，居然在中央大学爆了个大冷门，取得了全校的第一名！

正是这个得来全不费工夫的"第一名"，一下子在同学中提高了我的个人地位，也给我自己树立了学习信心。同学们都很佩服地交口议论说，陕西来的这个"状元"还真是有两把刷子的。

说到学业，那时的学生很少有闲逛的心思。虽然遇到战乱，学习生活条件都比较苦，但是人的精神劲头很足。我们这些青年学生，面对山河破败，却没有一丁点沮丧情绪，都在发奋读书，根本不敢荒废年华。就是个别同学偷偷谈个恋爱，也大多都是一起去个图书馆，完了一起去食堂吃个饭。打个牙祭，也就是请对方吃碗肉丝面、阳春面就很好了，哪儿见得到不上课在校园挽着手压马路的事儿啊。

到了这边后，我发觉"边政系"课程中所涉及的人类学知识让我很感兴趣。

人类文化包括的方面很多，比如说，意识形态、历史传统、生活习惯等，都不一样，各民族都有自己的历史特点。中国的每个民族在历史上的某一个时期都建立过"国家"，像陕西就是战国七雄中的"秦"。所以呢，民族之间、地域之间难免有些纷见，国民党政府也想彻底解决这些问题。民国初期也有学者研究，但到了抗战快要结束那阵子，国内民族矛盾已经到了非解决不可的地步。要解决这个问题，必须要有这么一批干部，懂得民族文化、熟悉历史。除了设立正规的学校和专门的科目，还要建立一些相应的行政机构，建立新的管理体系等等。

中央大学"边政系"属于法学院，和政治系、社会系基本上都是一个性质的。如公共课中都要学习些历史，再一个就是民族中的地域文化、历史传统，以及历史演变、政治地位、周边民族关系等。这些基本课程，所要涉及的知识都要自己学习。工具语言要学英语、俄语，还得学习藏、蒙文字语言。

根据当时中国的民族问题，边政系分了三个系统。一是西藏系统，一个是蒙古系统，再是维吾尔系统。这三大系统外，还有少数的朝鲜族等，但都包括在三大系统中。

从民族系统上讲，民族文化虽然由于地域的分割，看似互不相连，其实是互相交叉的。所以，学一样不行，各个民族互相区分的特点也需要掌握，历史变化的东西都要清楚。如果学完那些课程，对中国几千年的民族变迁也就都清楚了。

实际上，宏观地看待民族关系，蒙古利亚人系统在全球人类种族中是占主导地位的。如俄罗斯族，实际上还是黄种人系统占主导的民族。多年来，我就一直在琢磨，世界民族并没有那么多，追根溯源实际上是一个民族。但地区分开了，它的文化就跟着分开。在不同地区、不同纬度，生活环境不同，才有了这么多的分支。就是现在同一个支系内的，称呼也不一致，如突厥、塔吉尔等。随着历史的变迁、居住地的变迁，这些经过仔细的分类研究，还是有一条比较清晰的脉络的。

新中国建立初期，对于民族关系这个课题，范文澜曾经有个愿望，想对成吉思汗陵予以联合发掘，在源头上把这个问题提出来。还有韩儒林也提出中国、前苏联、蒙古几个国家联合起来，把蒙古史写出来。当然，这一切肯定是行不通的。

　　学者都有些可爱的迂腐，也都忽视了现代国家民族之间不同的意识形态，这件事情说起来可行，实际操作起来肯定矛盾百出。譬如，对中国汉民族内的农民暴动引发的朝代更替，一般都是"成者王侯败者寇"，很难公允地予以评价。何况，就这个简单的具体问题，台湾学者的观点和大陆学者的观点都很不统一。我们认为这是革命，是历史发展的动力，台湾学者却认为每次农民暴动对人类的物质和精神文化都是一场大浩劫。大陆和台湾学者的分歧尚且如此大，国与国之间的纷见那将是多么大啊。但是，那个学术愿望是相当好的，也只能是一个良好愿望。

倾巢之下的"完卵"

我读大学的这个时段,也是世界政治格局最为动乱的时段。尽管世界主要政治力量在二战这个大背景下刚刚整合,却已经出现了再次分裂的迹象,处在风口浪尖上的中国,更面临一个"到哪儿去"的尖锐抉择。当时的国家政局,已经十分动荡。

尽管国民政府是国民党一家的独裁政府,却主张全面"西化"。就在那样的政治纷乱面前,政府每年依然向美英等国家派出大量留学生。那些留学生毕业或结业后,绝大部分还都回来了。很奇怪,那个时候抗战还未结束,国内战争已经一触即发,这些民族精英们倒是义无反顾,没有多少人愿意留在国外,都愉快地回到了自己的祖国。

我转去中央大学的那个时候,校长已经换成了吴有训。此前,有段时间是蒋介石当校长。

这个吴有训学术上也很厉害,他在新中国成立后担任共和国科学院副院长,主要在研究 X 光上对国家有重大贡献。

一九四五年,全国人民终于盼来了抗战胜利。

这个时候,国民政府忙着要迁都南京。以前设在首都南京的学校、工厂也跟着往回迁。重庆到处乱哄哄的,学校也停课了。趁着这个时间,我就想回家看看。从考上大学离开家乡,我已经两年多没回家了。

那时重庆到西安没有铁路,南充到绵阳也没有公路,我们当时只能绕道湖北先去河南,然后再向西越过潼关回陕西,一路走的是黄泛区。那些个老爷车吭哧吭哧地一路走一路停,加上那时候也没一处好路,坐那样的车受的那份罪就别提了。过河南花园口时,当地老百姓的那个惨象让人很难过。抗战中,那次人为决堤虽挡住了日本人,也把老百姓淹坏了。哎呀,已经多少年了,中原大地那么辽阔的地方,一路都是茅草庵子。遇上个路人,穿的衣服都是破布片,冰天雪地,一个个饿得好像都要断气了,连伸手讨要的力气都没有。土地上泛着白花花的碱土,麦苗也稀疏得不成样子。我都怀疑,这样的地方人还能居住么?

我们一路艰难地走了十多天,还没从四川走到陕西地界。就那样走走停停,我都不知道开学回来可咋办!

我记得千辛万苦回到老家后,陕西的麦子还是青的。我们一帮同学到西安后就分手了。有的往北走了,西去的有的回了甘肃,有的回了宁夏。到了九月份,我们又一起相约回南京去。

回到家里,看到山沟沟还是那个死气沉沉的老样子,自己也觉得这么在家待着没有多大意思。就这样,我在家游手好闲地待了半年时间。我那时已经是个四邻八村出名的大学生,家里也不好意思再让我下地干农活惹人耻笑,我就找了个事情,给乡里那所小学做了一学期代课老师。

由于那时政治格局未定,国共两党在桌面上都讲和平,在下面也都各自干着自己的事,一场大战眼看就要开始了。记得回到南京之前,在重庆有两次大会。那时民主党派还是很多的,可以自由集会,他们都支持和平建国。各党派虽都有自己的主张,可是呼吁和平的声音还是主流。不过,蒋介石那时铁了心要铲除"共产主义"。当然,有实力的共产党,也不会俯首就擒。抗战虽然刚刚结束,但国内战争却是一触即发。

这次复课我们直接去的南京。原来的那个"南京大学"在日本占领期间还存在，当时还沿用"中央大学"这个名称。国民政府抗战期间那次撤退前，在中央大学已经修了个大礼堂，那是南京当时最著名的礼堂。政府的文化活动，包括开会、演戏都在那里。内战没打起来之前，首都的文化生活还是很热闹的。特别是"南大"那地方，被大家戏谑地称呼为"中央大饭店""中央大舞台"。

不久，内战就开始了。此间，学校还在上课。我们当时也不知道这场仗能打多长时间，只看到每天报纸都在说某某大捷，可政府的中央军却一直南退。断断续续挨了两年，一封家信都没有收到。由于战乱，我从上大学直到后来去浙江大学读书，也只回了那一次家。

一九四八年的"双十节"，国民党的中央军在中山陵前进行了盛大的军队检阅。我们这些学生只听说这次要打大仗了，共产党的"解放军"已经占据了长江以北。让人奇怪的是，南京好多有钱人已经开始逃跑了，街上到处都在哄抢商品、换金条。社会秩序乱极了，学校也不上课了，各个政府单位开始向台湾搬。

这些人好像是先到的广州，再渡海去台湾。我们系上的一些教授也跟着去了香港、台湾。

直到一九四九年新中国在北平宣布成立，我都没有离开南京城。由于许多老师去了台湾，中央大学开不了课，有很多学生从中央大学转到一些地方大学去了。

新中国的"家考"研究生

一九四九年七月，国民党政府看见江山不保，开始寻找后路。蒋总统在南京中山陵下面对着十万人讲了那次话，居民们已经看到国民政府决定放弃"首都"了，很多有身份的人都随着国军搬到台湾去了，南京当时几乎成了一座空城。

记得当时我们的系主任还在。我没地方待，人家也不会把我一个穷学生带到台湾去，那段时间还觉得挺闲适的。大概就是半年的时间，我都是自己找事情做，帮助学校整理"边政系"当时遗留的资料。整理的这些资料，后来都转给了开设有"边政系"的新疆大学和一些民族学院。

四月二十一号这个日子我还记得，韩先生（韩儒林）和几位老师回到上海，此前，他们已经去过台湾一趟，他们肯定是"探路"去的。一听说他们回来了，我赶紧给韩先生去信说："你赶紧回学校来，这边乱得没人招呼。你也不要到台湾去，人生地不熟的……"你别说，我这封信还真把他叫回来了。后来，我就把边政系的工作都移交给了他。

实际上，我还在当学生的时候，就已经为我们系工作了。其他同学都没有我学得好，老师也非常看重我。在那个战乱年月，各个大学师资流失很严重，整个学校几乎是空壳子。中央大学取消了我们边政系，直接原因是师资缺乏。系上原来那个助教回四川老家教书去了，只剩下一个助教，叫郭英德。所以，我还没正式毕业论文答辩，就被留校当了一名吃工资的助教。

总统都跑了,我这个书生也一下子成了没娘的孩子。不过,学校五千多学生那时虽然散得只剩两千人不到,食堂依然按照民国规制免费供应着我们饭食,要不这样,真要饿死人呢。

接着,南京解放了。我这时才明白,我们以前生活过的那个"中华民国"已经没了,北京那个"中华人民共和国"已经是我们的新国家了。后来,见了那些对我们很尊敬的解放军接管人员,我也一下子感受到了"人民政府"这几个字的亲切。我知道,他们就是我在陕西三原接触过的"八路军"。

当时,学校的韩主任对我说,人民政府刚成立,需要大批知识分子建立新的教育体系,他的意思是让我去华东大学继续求学,但是我不想去。因为当时华东大学主要是接收社会上的人,我也不知道啥原因,总觉得和这些人读书,课程设置肯定很低,我不愿意和他们一起再去读一次没用的书。"老板"一看没辙了,只好说那你就等等吧。那时我们都管我们系主任韩儒林叫"韩老板"。

后来,韩先生又介绍我去南京博物院工作(韩儒林和北大的季羡林教授同是西方文学研究者)。南京博物院当时的院长是曾昭燏,她那个院里大概还有两三个工作名额。曾昭燏的老师是韩先生,她曾给自己的老师介绍了两个人去军管会工作。当时,一听老师荐人,曾昭燏不好推辞,也不做回答,这边韩先生问急了,她才说她那儿实在是没空缺,推辞了韩先生对我的举荐。韩儒林主任当时还有些生气,觉得这不是抹自己面么。于是他就给我重新介绍了上海"大中国图书局",说我如果愿意工作的话,可以去试试。

韩先生认识的人多。大中国图书局的顾颉刚这个人是做生意的,开了"大中国图书出版社"(局),印制地图、图书等。韩儒林和顾颉刚也是师生关系。韩先生去信给他，顾颉刚立即回信说，生意现在不好做，过去印制的旧东西卖不出去，人民政府需要的新东西还未印出来，也不知该印点什么，书局生意很冷清，让人这阵过来也是当闲差。

这两个单位都不行，我也就没了着落，只好继续候在母校熬日子。这个时候，我们已经更名为"南京大学"。清华工学院的学生大多回了北京的"北大"。不过，学校还滞留着好些学生，需要维持正常的授课秩序。可是，当时老师很短缺。

这时候，我就以南大助教的身份，替学校管理一些事情。开始，我打听到原来南京的一个私立学校——"金陵大学"里有原西北大学教授马长寿先生在那儿。这所学校是教会学校，是一所华侨办的私立学校。尽管南京的教授大都到台湾去了，但是金陵大学的教师没有走，他们大多是教授民族学、人类学的资深教授。后来，我去那边请那些老师到我们这边授课。这其中有徐益棠，这个人是人类学、民族学教授。马长寿和董同河负责教授语言学。

在一次无意之中，徐益棠告诉我，浙江大学吴定良先生的人类学现在还要招研究生，问过他这边是否还有学业好点的学生想去深造的一些话。他当时将这个消息告诉我，并问我愿不愿意去，他可以给吴先生介绍。

我当时一听，觉得继续上学也是个好事，就答应了。

新中国刚建立，当时也仅有浙江大学一家正常招生。因其地域原因，他们那儿受战争的影响较小。当时的浙大校长为竺可桢先生，面对时局大变动，他不等不靠，依旧按照原来的学校老规章开始为学院招生。

我当时考虑，工作是迟早的事，再上几年学，多掌握些新知识，将来对国家肯定用处更大。加之当时浙大人类学系没有人报研究生，全系只有一个助教。后来我就认真复习了专业课和外语，准备考浙大。不过，我却担心当时在这边，边政系解散时我还未做毕业论文，不知学历这一项能不能过关。

韩先生给吴定良先生去信说明了我的情况，吴先生回复说学历不要紧，让人这就过去。原来，他那里那年只招到五六个本科学生，研究生当时还没有人报名。

徐益棠先生给我安顿说，去时只需把毕业论文带上就行了。可是，此前我们是四五个人翻译一本《蒙古秘史》，只是将原文翻译成汉文，算不得论文。这样的东西肯定不行。于是，他建议我重新写一篇论文。时间那么紧张，一时却没有好的论题参考。后来，徐益棠先生将他的一摞关于"猓猓"（今天的彝族）的研究讲义给我参考，让我看看能不能闹篇论文搪塞过去。

彝族是西南少数民族里的大点的民族，由于地处大山，一直处于原始社会形态。不过，这个民族中的故事传说很多。徐先生和马长寿先生在金陵大学和华西大学对这个民族历史都有研究，是仿照西方人类学的研究方法做的。我觉得这个论题还行，向先生还要了一些其他资料，突击着写了一篇关于对彝族历史文化研究的论文，大约有两三万字。

这个时候，韩儒林先生还给过我一个题目，就是《论唐代波斯与中国的关系》。波斯是今天的伊朗。但是时间太紧，手头的复习资料也少得可怜，这篇文章最终没能作出来。我将《蒙古秘史》最后章节翻译完了之后，剩余的时间已经不多了，只好带了那篇关于"猓猓"的论文于七月初去了浙大赶考。

那个时候开学都比较晚，到了学校之后，我这才发现，教授民族学的教授都认识我这个学生。因为之前我们一起开过几次民族学的会议，我当时虽然是学生，还是民族学会的秘书呢。参会的教授全国也就是那几个人，互相都熟悉得很。

已经到了这个关键环节，我才听说研究生要考英语。说起来，英语考试倒是很简单，就是将当时的一本人类学的书，选出其中的部分章节要考生当场翻译出来。尽管我自认为英语还不错，闹这号现场翻译的事情，却没有多大把握。

我记得去吴先生家待了两三天，"考场"就设在他家客厅，考生也就我一个人。导师从书架上拿出的那本书是英国著名人类学学者包阿斯的名著，用手随便翻了一章，让我当场翻译。

我当时还不知道，他这就算给我出题了，以为这只是个小测验，心里倒是一点都不紧张，一个人就那么坐在小凳子上做，用了大半天时间终于做完了。他看了一下我的译文和带去的那篇论文，随后只简单评价说："嗯，英语还要下点工夫。"论文他也看了看，倒没有说什么。接着，就当面告诉我，好吧，你就在这儿上研究生吧。

一个学生单独在老师家客厅设立的考场"考研"，在世界当代教育史上也算得上是个稀罕事情，偏偏这个考生是我，导师是学贯中西的吴定良。

老师的一句话，我这个"民国"中央大学的虽然应当毕业、由于战乱没地方领毕业证的大学生，成了浙江大学为"共和国"培养的第一代研究生。

古怪老头吴先生

开学后，我去浙大报到。在吴定良先生家吃住约一月余，到九月正式开学后，才搬到浙大分配的学生宿舍。我们研究生班宿舍靠近西湖，闲余时间游西湖很方便。我们每天一边看书一边摘菱角吃，很是惬意。

南京大学与浙江大学不同，浙大还是按照原来那些"民国"办学方法授课和实习。在校的研究生比南京大学多，原有三四十号人。那年还招了我们十几个，总共有四五十个人。这里的校风也比较好，就是封建气息太浓厚。学校到处都是名人题写或命名的这"馆"那"舍"的，有些楼也是以教授或院长的名字命名的。

在浙大，研究生和大学生不在一起。研究生的活动由研究生会自行组织。只是有些大课什么的，研究生和大学生还是在一起。研究生整体条件还不错，一般是两个学生一个寝室。我记得那时候，一个研究生，人民政府月供给"三十万元"（折合后来的新币大约三十元）的补助金。这笔钱对于一个学生来说，生活已经很充裕了，一般日常生活是用不完的。

在浙大我主要攻读的是人类学，教授这个课程的是吴定良先生。在民国政府时期，他也是全国唯一的人类学、统计学"双博士"。老蒋把那么多人闹到台湾去了，怎么让这个"大鱼"漏网了，真是令人奇怪！

吴定良

当时，我跟着吴先生选修了史前史、考古学、体质人类学、统计学等几个课程。

我们那个研究生班，配备有一个助教，两个技工。一个修复人骨标本，一个到处发掘无主墓挖人骨头。于是，我们的实习就是跟着助教背着包去野外搜寻一些没有人认领的坟地，发掘、获取人骨。在学校还专门有一个房间，放置这些人骨，作为标本。

好在这些课程我个人都很有兴趣，学起来并不费力。就是统计学要用到大量的数学知识，比较麻烦。说句实话，我这个人的数学一直不是太好，只能勉强应付。

说到这个吴先生呢，啥都好，就是脾气古怪。当时，因为这个脾性，他居然招不到学生。他那脾性也不是坏，只是有点怪。闹得其他教师和他之间的关系也不是很和谐，他的助教也常和他吵架。就因为这个，他在中央研究院待了一段时间后，调到了浙江大学。那个时候，我却跟这个古怪老头还算合得来，在学习期间，没有闹出那些令人担心的问题。

在大学期间，我们的课程多是民族学、民俗学、初民社会方面的内容。读研究生要选方向，吴先生提议让我跟着他学体质人类学。其实，我心里也有自己的小算盘。进校后，暗地里我也观察哪个老师教课好、学问深、听课的人多，我就选他的课。吴先生是很有学问的，他这一说，我当然巴不得呢。

结果，夏鼐来了以后，我又动心了。夏先生是"实践派"，要求在实践中学，大多数时间都在搞发掘，并经常组织实地实习，让学生动手，于是，我就有心改换门庭做他的研究生。

当时，玉泉山出了几个晋墓，夏鼐申请了一笔经费，一边教学，一边做考古发掘。这个时候，他发现了我对体质人类学似乎没有对

1949年,石兴邦在浙江大学图书馆前留影

考古学兴趣大。我觉得考古就应当这样，在实地发掘中发现历史，用我们的学识去说明历史。

当时新中国学术界有个思潮，苏联专家的理论都被当做时髦的东西被盲目崇拜。我有这些思想萌动，受到那个思潮的影响比较大。当时，新中国刚成立，让学习马克思主义的人类发展史，从猿到人、劳动创造了人类。对这些新兴的理论，我不但很认可，学起来也很卖力，主要是有个人兴趣。

正好吴先生的体质人类学也讲这些内容。西方的人类学受达尔文的进化论影响较深，马克思也承认达尔文的从猿到人。不过，马克思的是辩证法，把人类进化的过程上升到历史发展的"规律"高度，和社会发展结合得很紧密。夏鼐讲社会发展史，却是另外的内容，完全是西方那一套。

这一段时期，我在吴先生那儿看了他的许多藏书。他的书很多，都是人类学方面的著作。这个人对自己的藏书也很在意，一般学生是进不了他的书房的。

这学期结束之后，要选导师，我去和夏鼐先生说了，表达了自己希望能跟他学习考古学的意思。

为什么我选夏先生，而不愿继续跟着吴先生做学问？因为，吴先生这个人有个令许多人无法容忍的"怪"毛病——吝啬。他自以为自己脑子里那些东西是"个人财富"，觉得十分珍惜，给学生授课"给"得就不是很彻底。他在给我们讲人类学时，有些资料、一些自己的研究成果，一般都不给自己学生好好讲，哪怕看一眼他的讲义都不行。

举个小例子：他讲黄种人和白种人的骨骼区别时，嘴上只说不一样，却不告诉学生为什么不一样、哪些地方不一样。如锁骨，黄种人的锁骨是圆的、扁的，白种人的是三棱状的。就这么简单的一句话，你说了不就完了嘛。他保守着就是不给你点这个"关键"的窍门，让人觉得跟着他听课太憋气。一般情况下只有老师肚子里没有学问，没啥可教，他这个人是一肚子学问不愿给学生"倒"。

我这个人也怪，你不说，我就追着屁股问。记得当时我问吴先生，你说人类在骨骼上有啥区别？他支支吾吾就是不说，我就套着他说，啊呀，我是你的关门弟子，你就给我说一下嘛。他还是不说。后来他被我逼得没有办法，就拿来锁骨样本告诉我，黄种人是扁的，白种人是三棱状的，就是有棱棱的。我觉得，他肯定没说完，还有别的地方有鲜明的特征，他却再不说了。我也不好问，再问，他也死活不说。

还有，吴先生自己著的书内容很好，就是不让人看。藏的那些书，也不让人摸。唉，从其他方面讲，这个老头本来是个很好的人，就这个"吝啬"让人受不了。现在想来，这也是可以理解的。他毕竟是封建社会培养的学者，时时都觉得他学的那一套就跟木匠学来的手艺一样，轻易把这个弄出去，自己就把吃饭的碗送人了。那个时候的人跟现在不一样，都比较保守。教会了徒弟，饿死了师傅，说的就是那个道理。他那里的标本很多，但是他不轻易拿给学生看。就因为这样，甄选时我选择了夏鼐先生。

不过，吴先生却很是喜欢我，听说我要"跳槽"，很希望我继续做他的门徒。记得第二学期我们出外实习，走的时候，吴先生公开给夏先生说，石兴邦你就不要带了，给我留下。夏鼐先生把他这个意思传达给我，让我决定。我没有同意，继续跟着夏先生实习去了。

其实，夏和吴俩人私交很好。以前，他和吴在国民政府的中央研究院一起工作过。吴先生当时在乡下，还是他亲自给吴写信，邀请吴到浙江大学来教书的。

一听我铁心要搞考古，吴先生也没办法。不过，我跟着夏先生走，他也放心，愿意割爱。我这个他们都挺喜欢的学生不管跟谁，也不会闹出两人之间的不愉快。多年之后，吴老先生到北京来工作居住，我时常登门请他喝茶聊天，也多次提说到这个可乐的事情。那时，老人家已经年纪很大了，我们师生都很怀念在浙大结下来的那份深厚情谊。

我这一生遇到的都是好老师，有些还是大名鼎鼎的老师。记得上小学的时候，一伙娃娃在乡村大庙里上课，有个老师叫寇怀义，给我的启蒙基点就高。那时，我还是十岁不到的小娃娃，他就给我讲了很多新思想。晚上我就跟老师住在一起，说这呀说那呀，他讲的很多东西都很吸引我。这个人思想很开放，重视艺术、有新思想，要求学生必须写好字，我的书法基础就是那时候跟着他修炼的童子功。

还有一个中学老师，对我影响也很大。他名字我不记得了，是早期的共产党人。这个我咋知道的呢？我在报上看见过他"脱离共产党"的"声明"！那个时候的社会情形特殊，今天参加这个党，明天退那个党，脱离党派的学者很多。这个人尽管是普通的中学教师，却是北大毕业的高材生。他最开始在商南当中学教师，是学业上很厉害的一个人。那个时候，他讲起话来就很有革命家的气势，到处宣讲共产主义。新中国成立后，他活到了九十多岁。我很敬重这个启蒙恩师。

到了大学，教授我们蒙古史的老师韩儒林，考古史的夏鼐先生，还有这个可爱的古怪老头吴定良，都是我的好老师。我能有今天的成就，都是这些恩师一步步培育的结果。古话说得好，名师出高徒嘛。

令人难以启齿的"龌龊"

我这一辈子,曾经差一点儿没当成夏鼐先生的研究生。如果真是这样的话,国家的考古事业就少了"石兴邦"这么个人了。

这里边,还有个令人难以启齿的"龌龊"故事。

记得在玉泉山发掘晋墓时,夏先生看我这个农家子弟还比较牢靠,让我负责管账。他对我在实习中那股认真劲儿很赞赏,平时,处处都高看我一眼。在授课时,对我也特别关照。比如画个图,他站在跟前给你很耐心地指点如何定点、拉线等等,手把手地一步步教。画错了,他还给我纠正。有时他先画,然后让我再跟着画一遍。包括他做的提要,都毫无保留地交给我。做个简单记录,他都给我讲应当怎样做,很有耐心,也很详细。那个时候,他就已经给我私下"露底"说,将来他想带我到北京去工作。

结果,有一件小小的事情,让夏先生对我这个得意门生产生了很大的看法。

玉泉山实地考察完最后一次报账之前,账面上还剩下了一些钱。钱不多,也就两万多元,相当于现在的几元钱。眼见这个事儿马上要结束,一天,我和大学部几个参加实习的同学坐在工地上的工房里唠嗑,我随口说了一句:"喂,还剩了点钱,夏先生说用不完还得上缴,就这么点钱,咱们不如买些东西吃了算了,不报了,麻烦死了……"他们几个都随声附和说你管账,那还不是你一句话的事情。

1949年在浙江大学合影（右二为石兴邦，右五为夏鼐）

不过，当时周围根本没有像现在这么多的小卖部呀啥的，也不可能马上就能买到东西，这件事情只是随嘴说说。

谁知道，南方的房子是用竹片子做成的，墙壁是用石灰薄薄涂点泥巴的那种"墙"，两间不隔音。夏先生的办公室在我们隔壁，他听到我说的这句话，马上就过来敲门问我，你刚说啥呢？几个人都呆在那儿，我愣了一阵子，说没说啥呀。倒不是我想故意隐瞒自己的思想，委实是觉得刚才没说啥"坏话"，还一直纳闷，啥事情让恩师陡然这么生气呢？可是，夏先生不依不饶，把我叫过去后，提醒地又问我，你说没说把剩余的钱买东西吃那些话？这个时候我才明白过来，无所谓地说，这有啥？先生立即狠狠地把我训了一顿。

这件事情就这么看似简单地过去了，我也几乎忘记了。不久，我找到一个说话的机会正式请先生当我的导师，铁心要跟他学习考古。听了我的话，他却一反往日的亲近，口气平淡地告诉我："你也不用跟着我学这个了，你在吴先生那儿学人类学也是不错的……"我觉得，先生之所以说出这样的话，已经表明他不愿带我了。以前说得挺好的事情，他还主动说要带我到北京去的么，为什么一下子对学生这么冷淡？后来我才慢慢打听到，就是因为那次我和几个同学商量拿公家剩余的那点生活费"买东西吃"的谈话惹怒了先生。为这点些碎事他居然对我这个学生很不满意了。

实际上，当时那话也是我随口乱说的，至于买不买东西吃、买啥东西吃，毕竟还没去做呢。就这么个事情，他就对自己学生的"人品"有了看法。

后来，当我从旁边知道事情原委，就如实地、诚心地向夏先生认错，并深刻检讨了自己的不是。那时，我铁心要学考古，给自己老师认个错也没啥，毕竟自己当时确实说过那些话。

夏先生一看我挺诚心，就语重心长地对我说："金钱不论多少，怎样对待它，却是做人很重要的一件事情。关乎一个人的道德方面的事情，一点儿都不能马虎。公是公，私是私。做考古这一项事情，最重要的是不能有一点贪念。"他还给我说了一些他在敦煌考古时所遭遇的事情教育我。

当时，大西北很偏僻，他们一路骑着骆驼，骆驼的草料要一路在客栈打点，还有人的住店呀、吃饭呀，有些地方当时还在以物易物，生活中采购的那些小东小西，到了客栈他就有点对不上账了。常常是花出去的多，剩余的款项少，他一时也记不起来都买了啥东西，闹得无法入账。他这个人就那么认真，凡是想不起来的，宁肯把自己的吃饭钱垫进去，也不能给人家乱记账。最后，闹得自己口袋空空的，吃饭买鞋都没一分钱，时常饿得自己两眼发黑。就这样，他都从来不乱花公家一分钱。

先生讲这个故事时那个认真劲儿，让我这辈子都忘不了。

平时，夏先生自己生活相当节俭，他自己的那点工资都不乱用的。至于公家发的实习经费，让他花起来那简直更是吝啬到家了。一分一毛都得过问，闹得学生私下里都说他的"坏话"，说跟着他确实是吃苦，还得受苛刻。

不过，就是这些琐碎小节让我这个学生看到，在为人师表这点上夏先生的高尚人格。他是我的导师嘛，我回老家给他带点家里的土产，他都要给我钱。唉，这个人太有修行了，在做人上一丁点都不马虎。在学术上，也是一样。写文章时的每一个注释、一个标点、每一个字眼都要仔细推敲。人就是这么个人，我一生都很敬仰他。

这就是一个人的修行。我和自己的这位导师工作多年后，成了无话不说的朋友。我有时在外地，多数时候在西安，那时打电话到北京很不好打，两人联系就是写信。夏先生给我写了不少的信，从学术到做人，内容很多。这些信我有些都没有公开去发表，他信里一些言辞很伤人的。批评我也好，批评别人也罢，都是很严厉的。我肯定能理解自己熟悉脾性的恩师，别人就不一定理解了。他常给我提醒说，他的学生首先要做人好，他这个为人师表的走到人前才有大面子。

夏先生有胃病，就是因为他这个人一辈子出野外吃饭不讲究积攒的。不论食堂伙食怎么样，他从不挑拣，不管高粱窝头还是糜子馍馍，吃饱肚子就行。我这些年在大陆这边，还收到了台湾那边寄来的一些他在中央研究院的材料。其中记载着一个小事情，说他在北京研究院工作时，比他年纪和资历高的很多的老教授都佩服他。当时的院长傅斯年在生病期间，不选那些资格老的同事，单选夏先生做代理所长。后来，台湾"中央研究院"在七十周年院庆时，让我写夏鼐的纪念文章，我只讲了夏先生当代理所长时给傅斯年的那些信的故事。一周一封，汇报请示，太认真了。就像他的为人，一生整整洁洁，恭恭敬敬，认认真真，清清楚楚。

这个老先生硬是把我这个弟子也带成他那个古板样子了。

你们不知道，夏先生这个人的博学是出了名的。他出门散步，总带本书。他的一生，大部分时间在看书。最近吧，有个同事给我说，他亲眼看过夏鼐给一个人修改的关于美国文化的文章，单就一篇文章内容，提出的意见就有十多处。在学问这点儿上，你不佩服我这个导师都不行。

他不但是一个学术教授，还是新中国在中印、中苏问题上制定外交对策的政策顾问。对一些中东、近东的问题，有关部门都去请教他。为啥？老先生博学呀！用他的话说，世界上了解周边情况最兴邦同志：

  月廿日来信已收到，你的情况，周耳东同志谈京宿省与我谈过，希望这事能够很早顺利解决。如果能于三月中这事解决后即来京那么好了。

  关于你对花纹的看法，我尽捏酿你两点：（1）给画花纹者，不论是采用"写实"的手法或图案化的手法，都是根据自然界的反映而绘出的（其中如螺旋纹、圆圈纹、卍字纹，都是世界各氏族所常见的）决不是由某一氏族所独有。（2）图腾是一个氏族的，不是整个氏族题中，民族题中，并且似乎没有一个人那么演化而来。你不要把演化的内容包括太大。

  部落，右至于各地的许多部落，一切民族，都用同一图腾，并且似乎没有人那么为。

  腾腾的你如能于三月中来京，一切可面谈此祝

春节愉快。

  夏鼐 七五年一月廿九日

详细的是人类学者,他们世界各处都去看,了解的风土地理人情就多,考古学者在西方都是搞"特务"的。

按照这个戏谑观点说来,我的导师夏鼐肯定算是咱们这个泱泱大国一个忠心耿耿的大"特务"呢。

关门弟子

在浙大,除了夏先生外,还有沙孟海老先生我也很敬仰。沙孟海在浙大中文系做教授,中文系和人类学系是在同一楼里,这楼叫"苏和馆"。

沙孟海有个弟弟叫沙维汉,是当时浙江省政府主席。他那个弟弟给蒋介石当过秘书,很受蒋先生的器重。

当时,有人介绍沙孟海到浙大来教书,主持工作的吴定良先生有点不喜欢官宦幕僚介绍来的人,考虑到这个人来头太大,也不问学识高低,就随便打发沙先生去讲授并不被学生看重的金石学。

其实,这个人的金石学造诣很深,课也讲得很好。我这里还保存有当年部分讲义。说到沙孟海的书法,在中国当代超过他的恐怕很少!这不是恭维的话,我打小喜欢书法,他的字我留有很多,看这玩意儿我绝对不是外行。可是呢,就是这么个宝贝国粹,当时选修他这个"冷门"课程的人却寥寥无几。全校就两个人,一个是我,一个是中文系有个叫朱家裕的女同学。一个国学大师就带着我们两个学生的课。当时,上课的形式就像我们几个这阵坐着座谈,面对面教授。

我在听他的金石学课程时,沙先生提出一个学术观点,对我触动很大。他说:"你学人类学,也学考古学,看看我这个观点对不对。我以为,一个人用手写字以及他的字体形成都和人类使用工具的感

雪洞風香蕊作珊瑚玉綴交枝柯

良邦仁學兄正 沙孟海戲以竹筆

沙孟海先生书法作品

觉有关。"老先生这句话，太让人吃惊了。

老先生平时讲课语言很风趣，只有两个学生，每堂课还把他讲得情绪激动、唾沫四溅，我俩傻瓜学生也是正襟危坐，听得眼睛发直。因为，我小时候就很喜欢书法，现在还在写，前几天我还给人写了几个字。沙先生对古代的文字形成那些知识，给我们讲了不少他的独到见解，就连"写字工具"的发展进化也讲得头头是道，让人听来很新颖。

尽管学生少，老先生每次上课还都认认真真写好讲稿，带几张上课来发给我俩。这些讲稿我保存了很多，最后就像书本一样厚。

我那个叫朱家裕的女同学是个很朴实的女孩子，根本不像有钱人家的娇小姐。记得沙老每次上课都带两三页讲稿，然后就发给我们。大多数时候我都为朱家裕代存，所以我每次就存得多。结果，离校时她一下子又索去了不少。沙先生的这些讲义，最后都成了我临摹的帖。先生的金石学对我的熏陶，在后来的读写古文和研究古文字中，都成了我很得心应手的知识。

后来，浙大"教改"时分解了，部分同学去了北京大学。这个女同学，也是那次去了北大。后来我也到了北京工作，有一天去北大找同学，在排队吃饭时还无意中碰到了朱家裕。因为在浙大学习金石学的学生很少，那一届就我们两个。所以，学兄学妹的情谊那是很深厚的。当然，和沙老的关系那就更不用说了。分别之后，我和老先生一直都有联系，后来和他的孩子还有来往。最近，浙江那边编纂《沙孟海全集》，其中的部分稿件就是我亲手为先生编校的，也算是老先生对我这个弟子多年手把手的指教得到的一个小回报吧。

你们说，我石兴邦算不算是大书法家沙孟海的关门弟子呢？我觉得不单是，而且在中国大陆还绝无仅有！

沙孟海讲稿复印件

现在国家已经重视中小学生的中文书写培养了，这很好，算是抓到了点子上。啥叫文化传承？老祖宗遗留下来的文字都写不好，还咋样传承？

汉语文字的书法，和世界任何语言文字都大不同，它有很深的字面观赏和文化寓意在里边。象形字是最古老的人类文字，每一个汉字的结构进化，都是一个故事。单独欣赏，越看越有意思。在咱们汉文化圈不是经常说嘛，从一个人写的字，就能看见一个人的操守。就像他的照片一样，能反映出一个人的外貌、内心、性格、学养、做人等等。作为一个中国人，写不好汉字，还讲啥文化和学养？

可惜，我那个书法造诣很深的学妹却英年早逝，让人很是伤感。有关她的情况，我只知道她家是资本家，但肯定不是大资本家，属于民族资产阶级吧。后来，这个人反叛家庭，走上了追求民主的道路，在北大表现得很进步。但是，在我调到北京后一次出野外大约一年多回来，才知道她自杀了。据说，她入党后，在学校批判"资产阶级"运动中受到同学们的精神伤害，这个心高气傲的才女可能有些想不开而跳楼自杀了……

选进考古界

遗老遗少考古所

一九五〇年九月五号，我到中科院考古所报到的这个日子，我一辈子都记得很牢。

我当时进单位时，手续并不复杂。开始，夏鼐所长给我来信说，他给梁思永所长说过了，同意让我过来。听到这个喜讯，我赶忙给梁思永用古文体写了封信，同时给夏所长也寄去了一封。夏所长不几天就回信说，写信实在是没有必要，赶紧来报到就是了。

早在年初，苏联派了他们的国家考古所所长吉谢列夫来支援我们所开展工作。这个人来中国后，除了北京，在上海等地方也走了一趟，大讲马克思主义，尤其是将"考古"提高到了"唯物主义"的高度。按照他的理论，考古是用实物来证明马克思主义的。

吉谢列夫的到来，在中国的历史考古界掀起了一个热潮，提高了考古的社会地位。这个时期，考古已经成为我国历史科学的一个组成部分。当时，尹达、卢振河等提出来，中国要进行唯物主义的教育，就得要发展考古，用实物解析马克思主义理论。加之普通民众学文化气氛空前高涨，对"科学"这个新东西的追求很热烈。学术界那时候不但要研究自己的业务门类，马克思主义理论也是必修课。

新中国刚刚建立，一切都得靠苏联这个"老大哥"手把手地教。吉谢列夫是苏联派向中国的代表，他当时是苏联的物质文化研究所副所长，在东方考古上有较多的成就。他到了上海，还讲过马克思主义的史学研究，那时候我还在杭州。

这些事情是我进了考古所听别人说的。

那个时候，中国为了取得苏联的经验，特别将安阳的考古作为迎接吉谢列夫的工作场面。吉谢列夫来之前，由谁负责带领人员去安阳做发掘，就成了个问题。

当时郭沫若是院长，但他更多的是负责历史方面的工作。郑振铎是所长，梁思永是副所长，夏鼐也是副所长。当时梁先生因病在所里指挥，夏鼐先生负责接待吉谢列夫。不过，院里大的事情还得由郭沫若决定，后来就接待一事请示郭老，郭老说，等夏鼐回来再说。郭宝钧先生就有些生气了，对郑振铎发牢骚说，夏鼐既要当副所长，又要主持发掘，搞个接待还得等他，那要我们干吗。当时，让夏鼐先生在家，郭宝钧也会有些异议，他也是个大学者，对郭老平时偏爱夏鼐心里多少有点不服气。这些话传到郭沫若那里，郭老就决定先由郭宝钧带队到安阳进行工作，也算是一次"重用"吧。

应当说，新中国的考古事业早在开国大典后不几天就开始了。中科院考古研究所那次让郭宝钧带队，在安阳选地、钻探、组织考古队，正是一九四九年年底的事情，也就是我来报到一年前的日子。他们在那儿发现了一座大墓，且没有被盗。这个墓做出来后，吉谢列夫看后很高兴，当时，他对这个发掘成果评价很高，首次提出要用马克思主义历史唯物主义观研究历史文物这一说法。

我报到的这一年，尹达作为代表随考察团到苏联去了。此后，两国考古界联系就多了起来。我们也开始组织专业的考古队伍，历史文物成了一个特殊的研究对象，考古从此香起来了。考古介入历史阵地，也就是从这个时候开始的。老一辈的尹达、侯外庐、翦伯赞、吴晗、邓拓都是新中国考古事业初建的见证者。可惜，这些元老们大多在"文化大革命"中都死于非命了。

选择进入考古这个行道，当时我是这么想的：在大学我学下的那些人类学知识，改做考古专业正好能用上。再一个原因，新中国的考古还是雏形，凭着自己的喜好，日后在这上边肯定可以有所建树。

可是，到了所里一看，心里还是有点凉。当时的考古所刚建立，人手很缺，一些工作根本无法展开。这也难怪。新中国的考古所本来就是由民国政府的中央研究院"考古组"和北平研究院"考古组"剩下的"遗老遗少"为主要力量组成的。那个时候的北平研究院是历史研究所，内设考古组。当时中央研究院的考古人员多已去台湾，主要留下两个人，一是夏鼐，一是郭宝钧。民国时期，中央研究院的工作重点在安阳。北平研究院则由苏公、徐旭生等人带领在陕西西安、宝鸡工作。

说到我的导师夏鼐，他是一位有思想、有成就的大科学家。在政治上，也是一个很成熟的专家。原本，他也是要被人家闹到台湾去的。这个人能审时度势，对当时形势做出自己的判定后，自主选择了"回家探亲"，最后巧妙地躲避了被那些人裹挟迁台。夏先生家在温州，回到老家当地，那些左邻右舍又不会知道他在中国考古界是多么重要的大人物，只知道先生是给国家做学问的教授。就这样，新中国一建立，他就出山了。

郭宝钧老先生是一个没有学过考古专业的考古学家。在国民党统治时期，他原来是地方上的中学校长。这个人中国古文化知识非常丰富，对《四书》《五经》很是精通，后来调到中央研究院工作。此前他有一个同乡在中央研究院工作，叫董作宾。他和董作宾关系不错，也正是董作宾邀请郭宝钧来中央研究院研究古文物的。当时中央研究院的工作者接受的多是西方教育，对中国的古代文化研究不多。而研究中国文物，需要有很扎实的古汉语功底的人。

我去了那阵子，所里还有人私下议论说，国民政府向台湾转移人才时，人家没把郭宝钧当成大专家，不愿意带郭老走。但据郭老自己说是他不想离开。最终，不管什么原因，郭老还是留在了大陆。后来，郭老倒是给我们提到这件事情，亲口对我说：去不去台湾，他当时和夏作铭先生为此做了很缜密的商量，是自己不想跟他们到那个"荒岛"上去。原因主要是他们那时在大陆，手头还有很多工作要做，到台湾三两年肯定是回不来的。还有一个原因，跟着那些人走后，在那边自己这些喜好根本没有前途。再说，跟上走了，回得来回不来还在两可间。一个官场腐败的亡国之君，带着些残兵败将，民众也不会欢迎他们再回来，他们也没脸回来呢。这话，还让他说对了。

另外，还有两个语言学家和其他学科一些人也留下来了。梁思永当时也留下了，一是因其有肺病，另外就是他的思想比较进步，不满国民党政府那一套做派。至于那些考古组的技术工人，他们不是专家学者，当时没有被圈在"迁台人员"之列，只有留下来。

为啥北平研究院当时大部分人没有跟着老蒋走？原因是当时中国的考古界分成"英国学派""法国学派"等派系，北平研究院院长属于法国派。法国学派和英国学派学术争论太大，平时工作就合不来，门户不同，去了也吃不开，与其去了受排挤，还不如自立门户。所以，大多数人都选择留在大陆。

两个单位留下的人总共有二十个左右。

一个国家级的考古机构面对那么大的课题和范围，这几个人基本是跟白手起家一样的现状。恢复工作时，显得人手不足。那时候考古所之所以很容易进人，就是缺人手。只要夏先生说行，你就可以进中国考古研究所。所以，我就沾了夏先生是我导师的大光，堂堂皇皇进去了。

当时有个笑话，你们也权当笑话听听。

当时，考古所所长是郑振铎，这个人是个文化学者，参加过"五四"运动，是共产党早期培养的文化干部。所以，新中国成立后，他既是中华人民共和国文化部文物局局长，又是考古所所长。担任这样的职务，那你的学识必须和文物考古有联系。

说到文物方面，因为郑振铎这个人在新中国成立前期在上海抢购保护了一批国家文物，当时还是个比较有影响的大功绩。于是，跟随他当年干这件事的那些人，不管是不是这方面的人才，不是被他安排到考古所就是安排到文物局。至于在考古这方面，他委实是个外行。这个人古典文学还行，以后还当了那么大的官，写了那么多古典文学方面的专著，但文物考古这方面，根本不是他学问内的事儿。听夏先生说，当时在国民党撤退时，国共双方都在争夺"大"一点的知识分子，尤其是当时一些知名的学者。考虑到各方面的影响，当时，考古研究所的这个位置是给李济留的。李济是留美回来的人类学教授，当时滞留在香港，好像本人也有回归大陆的意思。

郑振铎这个人呢，只是喜爱文物，新中国成立前就出了些和文物相关的文集。他同夏鼐等人的交往那个时候就较多，当时，他出的那些《历史参考图》的每一集，都是找夏鼐等人要的资料，几个人一起商量过的。

副所长当时有两个人，一个是梁思永。梁思永是考古所的老人，梁启超的孩子。另一个就是夏鼐，他以前当过中央研究院的代理院长（傅斯年患病期间）。考古所的苏秉琦先生后来将北平研究院合并到了考古研究院。那边人少，一是苏秉琦，一是徐炳昶，原为北平研究院历史所所长，留法学者，著有《中国古史的传说时代》一书，这个人学问也很扎实。

历史所还给这边塞了一些人，不久后都调到了民族学院和其他地方去了。

真正的考古研究所里的老人手，只留下四个人。分别是苏先生，徐炳昶，另外一个是技术工人，一个是搞行政工作的人，这个行政人员后来调走了。所以，考古所当时的主要人员组成还都是老"中央研究院"的人马。

我去的时候，还有一个叫马得志的，他也是当时考古界的老人手。这个人是日伪时期中央研究院在北平的资料整理（整顿）室的人。那时，北平市已经成为沦陷城市，日本人在原来的中央研究院这片地方修了个楼，是当时北平最高的建筑，名义为保护"人类文物"、招募文人修的，其实完全是为了给他们的文化侵略涂脂抹粉。马得志就在里边工作，暗暗地保护了不少古籍。

新成立的考古所还设有个"历史组"，当时有两个人工作。一个是傅斯年的侄儿傅乐焕，他当时很年轻，三十岁左右，刚结婚没多长时间。另一个是研究辽史的学者冯家升。

就是这些国民政府的"遗老遗少"，最后都成了新中国的瑰宝，民族的精英，为共和国的考古研究开辟了先河。

不过，选择了这个职业，一生的苦乐都和田野考古有了难解的纠结。这个职业苦啊。不说整天在荒山野岭，经常吃苦受累，有时还会碰见狼，甚至受到攻击，那是很吓人的。更不用说那些山洪呀、大雪呀，真是让人九死一生。记得刚进考古所，梁思永先生给我讲过他独自一个人在蒙古草原碰到土匪抢劫的故事。他个子高，腿也长，背着东西被土匪撵了几座山头，由于过劳，回来就得了肺病，最后先生也是死于这个老病根。还有夏鼐，在野外就被强人抢过！

第一次见识"洛阳铲"

在没有正式进入工地期间,我这个还没一丝野外实践经验的考古新人,一直窝在办公室看一些书籍、查阅一些相关资料。用现在的话说,就是"恶补"一些实践方面的知识。说实在的,我虽然学的专业是考古,但到实地怎么去操作,我也不是很清楚有哪些程序。即使当时案头仅有不多的那些专业书本,也没有一本能作为"急用先学"的内容。还好在杭州,我还做了一段实习,脑子里相对还能清楚点儿。其他一些年轻点的和调过来那些坐机关的新手,简直就是这个行当的门外汉。

到了北京一个月左右,给我的聘书就发下来了,文件上印着"助理研究员",工资一月是四百斤小米。当时没有实行工资制,不讲钱,只折合成小米下发。

第一次任务,让我们跟着导师去河南。

梁思永和夏鼐都是考古出身,他们知道我们四个大学生要出去,个个都是生手,就特意安排了人带我们。当时考古的"导师"级人物刚好有四个,一人一个。那时工作也实行导师制,我是苏秉琦先生的学生。如果说这里边还有点其他的"特别原因",这跟苏先生做的主要是"陕西"有很大关系,我是陕西籍。那时,所里已经成立了"陕西调查发掘队"和"河南调查发掘队"等总共四个小队。其他三个人,梁思永负责安志敏,夏鼐带王仲殊,郭宝钧负责王波宏。

这一次野外考察的目的很清楚，就是给新来的学员一次田野实习的机会，也就是基本训练。同时，这也是建所第二年度的一项大的工作内容。所里决定夏鼐、苏秉琦、郭宝钧到实地去。梁思永虽然人没有去一线，但后来一直书信来往指导工作。

我们当时还是采用国民政府那时的旧式规范，一人一套工作服和工作鞋。吃的、用的全由工作队安排，待遇倒很好。每个队还有两三个贵重的进口照相机。

第一站是河南辉县。

辉县是郭宝钧先生在新中国成立前那阵子最后退出的地方。以前，郭老在这里做的时间长，退出前还出了塌方事件，将四个民工压死了。

辉县主要是殷周文化，根据资料了解，这里地下有一批好的墓葬，而且保存较好。过去，郭老在这里做过详细的调查。

有说道的是，工作队的伙食很好。那时候战乱刚结束，新中国刚成立，年轻人都有一腔抱负，内心那种"当家做主"的自豪感不容许他们有其他非分想法。只要有工作，越艰苦越好，到祖国最需要的地方去。至于物质享受，无论好坏，能填饱肚子就行。然而，跟随着我们给我们做饭的两个厨子，却是考古所聘请的京城名厨。那些打下手的技术工人，也是考古所在这里曾聘用过的老工人。我们这些学过考古理论的研究生，初开始还得向当地这些老工人学习"认土"，从这些最基本的东西开始。

"认土"，就是通过探铲打出的土样，分析这里的土层是原土，还是后来填埋上的，有没有二次动迁，深度有多少等等。也就是这一次，我第一次见识到了"洛阳铲"。

说到这个"洛阳铲"，就得说说盗墓。从古到今，盗墓之风根本就没断过。洛阳和辉县这两个地方，旧社会以"挖宝"为职业的

1950年石兴邦在辉县

人很多，有些人几乎就把盗墓当个祖传营生在干。

到辉县后，最初的探查，我们还得依靠当地的"土夫子"带领。当地人对盗墓的称呼是"土夫子"。我们从安阳抽调的这批土工，一个个眼力真好，干挖墓不是一般地在行，而是很在行。挖出的东西，还都能说出点名堂。有时候，他们甚至还给我们这些没有做过实地工作的研究生和教授做实地"指导"。他们在这方面都做了很多年，积累了丰富的经验，甚至还有些"祖传"的意味。这些人对河南境内哪儿有墓、都是哪朝的墓比我们带的资料标注还清楚。

"洛阳铲"就是河南的盗墓贼发明出来的探铲工具。那个工具的杆部都是钢管套丝，可长可短，拿在手里也轻重合适。前边是个卷成筒状的、带刃的铲，在探土层时能层次分明地将地下的土原样带上来。我们至今使用的探铲工具，还是河南的老盗墓贼们发明的"专利"呢。

辉县这边，郭宝钧老先生一直在实地指导，没有离开。

苏先生在这里待了不久就去了陕西。以前，他大学毕业就在那儿实习的，后来其他人都走了，留下他在那儿。原来的发掘地址在宝鸡斗鸡台，他大概在那儿工作了两年多时间，很熟悉陕西那边的情况。

夏所长虽然得指导辉县这边，但所里全盘事务还得统管，这边就放手让郭老实施，因为郭老对河南几个工地都很熟悉。以前他还在中央研究院担任绘图员，辉县报告的图都是他亲手绘的。

说起郭老这个人来故事蛮多。

新中国成立前，他一个人在辉县做了两次工作，第一次发掘了一些东西。第二次，不知拿了多少经费，一到那儿就发生了塌方，压死了四个民工。那一次，老先生在做探沟时，疏忽了这儿是沙土的实际情况，探沟挖得过深，结果，两边土层支撑不住上边的压力造成塌方，闹得当场出了人命。后来，郭老只好把他带的经费全部赔偿给四个民工的家属后回到了北京。

我们这次开工后，郭老还提议我们到当年那个地方去看了看那些遇难者的家属。郭老这个人心很好，他一去，就给那年出事的人家里送了些东西。

我们这次发掘，要比以前郭老第一次做得好得多。一个是兵强马壮，第二个方面是铺排得很开。主要墓葬有汉代的、战国的、殷代的，总共做了上百个。

记得大过年的我们还都在那儿忙活。我们这些实践上的生手，主要做一些好做的墓葬，这次发掘的遗址少，主要是墓葬。

在辉县外面的一个山坡上，我们发掘了一个战国墓，发现的东西较丰富。在清理过程中，我们发现这个几千年的墓葬在历代被盗掘的痕迹都有。这个墓葬是郭老上次在河南探好后未来得及发掘的，中间一下子又隔了八年时间。

殷代有个居住区，是分配由我单独做的项目。当然，夏所长和苏先生也是商量了的。年轻人就得放手锻炼，这是基本发掘呀，发掘规程、要求，都得要我独立动手制定。当然，夏先生和苏先生也常常到我的工地来指导。

当时，我手下有四五个当地民工。说来也挺可笑，我这个"专家"开始的主要"任务"是和我们的探工向这些"土夫子"学习如何钻探、如何认土等这些基本的动手"知识"，开始做得很慢。天气回暖的正月里，我、安志敏、王仲殊等年轻人一人包一个墓，便甩开膀子大干起来。

我做战国墓的"优势"，是夏所长在杭州时带我做过墓葬发掘，我这边也就干得比他们顺手，速度也快，记录也细心。

我们这次去一共有两个发掘任务，一个是已经发现的殷代汉代墓葬。

另一个，就是魏国大墓。结果，我们在第二个事情上了当地人的当。

他们那里确实有三个魏国大墓，那时候当地那些盗墓的没有盗出来，他们都说那里面东西肯定很多。其实，这些当地人也不知道这个墓葬被盗过没有，他们希望帮我们挖这个墓的目的，是不管有没有东西，他们都能够赚取工资，他们才不管耽误不耽误我们的宝贵时间呢。他们每天除过吃饭还领5角钱工资，当时那钱真不少啦。有些工厂徒工，月工资才两三元钱。

郭老这个人有时候太迷信这些人，他以前在这边和这些人打交道的时间很长。因为这些当地人，对一些当地的东西比我们熟悉，有时候还真得依靠他们，虚心听取他们的意见。何况，有些人在旧社会就是以盗墓为职业的惯盗，经验很丰富。所以，这些人的话，他就多了点盲目相信。

三个大墓同时开始挖的时候，所里多给了四万元。我们当时连墓道一起发掘，工人排队出土，大约有二十几个工人。郭宝钧老先生、苏秉琦和我三个人一人负责一个大墓，大约用了一个半月挖到了底部，结果，下面已经被盗了，剩下的东西不多。这时，我们才知道上了当地这些民工的大当。

虽然墓穴剩的东西不多，但是墓室结构很完整，我负责的那个墓，包括夯土层都做了出来。苏先生负责指导的二号墓，在墓道口只出了一个鎏金马头，做了一个象征性的车。快清理完的时候，郭老负责的墓边上出了一个埋藏坑，里面有十几件玉器。这些无意中的发现，最后成了辉县报告中的最大成绩。当然，最后还发掘出了些其他东西。

我负责的那个墓，有十一米深，层层都有东西。夏所长要我先做遗址，主要学习了怎么画图。我印象最深的是，发掘的那个灰坑上面是圆的，下面是方的。

那年冬天气候比较冷，家里把毡袜、毡帽什么的都给我寄来了，但整天干活出力，人经常汗流浃背，这些保暖衣物实际上都没有机会穿用。直到第二年二月，辉县这里的工作才算结束。

遗留在辉县的故事

辉县发掘，是新中国考古队伍的第一次大练兵。规模不小，收获也不小。那段时间，考古队发生了几件生活小事，虽苦涩难言，现在提说起来却很有些意思。

第一个故事：一顿肉包子，吃"坏"了全队人。

大师傅王文祥是北京"御膳房"配属我们考古队当野外炊事员的老炉头。我记得是十月中旬的一天，他不知道从哪儿搞来些牛肉，兴高采烈地给大家包了一顿"宫廷牛肉包"。当时，我们工作很忙，包好的包子作为中午饭还是他担着送到工地的。

当时，别说工地上没有水洗手，就是在驻地村庄吃水都很困难。年轻人更是不讲究卫生，一看老王担了两大筐包子来，手也没洗，拍拍土，便抓起包子你七个他八个地大吃了起来。这顿饭后的第二天，全队就害起了一个奇怪的病症——肛周瘙痒！

开始，还只是晚上睡觉痒，就像有许多小虫子从肛门爬进爬出。两天后，大白天也痒得人不能专心工作。这号怪病，痒起来那真是奇痒无比，恨不能用手一直去挠屁眼，却是愈挠愈痒！再说了，这号病毕竟痒痒的地方不方便给周围人交流感受，大家又都不好说破这个事情，开始还都能那么忍着。第三天有些人就坚持不住了，交头接耳"交换"了各自的病情。

夏先生那顿也是没洗手吃了那包子的，可是，当时全队就他一

1950年在辉县考古发掘工地（后排右一为石兴邦，后排右六为夏鼐）

个没言声。但是，这号集体犯病的事情，总归是无法长久"自我隐瞒"的，闹成公开事情后，懂一点传染病理的苏先生分析说，这可能是工地上的土壤里有"蛲虫卵"，大伙吃饭没洗手，感染上了蛲虫病。接着，他让人在中医店买来些"使君子"，拿炒瓢炒了炒，分给大家吃了。这个中药跟炒花生一样，挺好吃，大家都抓着吃。夏先生不吭声，也抓着药吃，我们这才知道老先生原来屁股也痒着哩，只是老学究的定力比我们年轻人高哇。

结果，苏先生那药还真灵验。第二天，全队的人从肚子里都打下来不少白色的小虫子。持续吃药四五天之后，蔓延工地的这场病才偃旗息鼓。

安志敏当时是"重灾户"。和他一起上厕所的马得志故意给大家散布说，老安拉的大便全是"干净"的虫子。其实，他这是故意"影射"老安"抢包子"比别人厉害，一顿吃了十二个包子的"英雄壮举"呢！

第二件事情："村妞和队员"之间的绯闻。

当时，队上有个绘图员叫徐智铭，这个人是个多面手，绘图和写文章在队上都是呱呱叫。他开始在中研院那边，是李济先生的门徒。考古所成立后，因为他的业务能力强，夏先生特意将他从李济的身边"挖"了过来。当时，同龄的我们大都已经结婚生子，只有一些像他这样已经到了谈婚论嫁的年龄，却没时间去谈恋爱的"剩男"。一个三十岁的"小光棍"，那时我们都已经称他是"老徐"了呢。

老徐是浙江人，早先参加过新四军打过游击，是个有傲人资本的业务专家。不过，久了，我们发觉这个人其实并不高傲，还挺合得来的。据他跟我们说，最初来北京，他已经发现北京街头的姑娘比浙江的姑娘个头高，身材壮硕，脸面也十分漂亮。他曾大言不惭地放话说，准备找个漂亮的北方姑娘带回去让他们那儿人开开眼。

可是，一个考古队员由于常年不在单位，总出野外，就是丑姑娘也轮不上他去接触一个哟。

到了辉县，年轻人在一块儿，就故意怂恿他说：老徐你小子也打熬得住哇，城里姑娘眼下在这荒郊野外肯定不好找了，不如干脆就近找个村妞算了！

这原本是小伙子之间的一句玩笑，这厮倒是痛快地回答：只要姑娘长得符合他的择偶标准——"微胖、白嫩、清秀"，就是村妞他也愿意找一个。好嘛，这下全队都传开了：徐志铭这厮终于"打熬不住了"。

当时，郭宝钧听到这个话，老先生捋着胡须说，好，只要你小子下得了这个决心，我这就给你找一个去。郭老和当地人熟，还真的把这事给村干部说了，人家就当了真。结果，还真的在当地找来一个"根红苗壮"的贫下中农出身的大姑娘，而且姑娘的长相也很不错，就是不认识多少字。说定这件事情后，两人还认认真真去村干部家按照新式恋爱的议程"见了面，谈了话"，就等姑娘那头表态后两人正式商定婚事呢。

这时候，夏先生听到这件事，分析了两个人各自的文化条件，觉得这件事情有点不靠谱，很不赞成。他认为这肯定是年轻人心血来潮，加上我们这伙人跟在后边瞎哄闹，才搞成这样的。他专门找徐智铭本人谈了话，徐这时也有点后悔。可是，事情闹到这步，半路反悔的话姑娘肯定会生气，闹起来肯定不好收拾。这时候，我们也跟着老徐着急起来。结果，过了几天，人家姑娘传话过来了，明确表示不愿意再谈这门"亲事"。原因是，将来跟着他回南方"生活不习惯"。其实，做介绍人的村干部事后说了点真话，人家女方倒是愿意跟个"革命干部"去吃官饭，却不愿意嫁给一年四季不着家的"挖墓的"守活寡！

事实上，小徐找村妞做对象并不是心血来潮，他本人在这上边还是动了点"真心思"的。

他住的房东是一个地主家庭，却养了一个如花似玉的二八佳人。那姑娘我们都天天见，长得那真是没一点挑拣的，微胖、白嫩、清秀，怎么说都是个十分漂亮的农家姑娘。

对于两人之间的情感发展，好像是老徐先有的那个心思的，后来姑娘也有这方面的意思，两人似乎已经说破了这一层。可是，姑娘这个"地主成分"在当时的社会背景下，对于一个老革命还真的是一道大坎呐。可能是姑娘当他的面说了他态度不坚定、肯定内心里"瞧不起农民"这句话，他才一气之下做出和别人介绍来的村妞"谈话"给对方表明心迹的荒唐举动。

这件事情，现在看来原本是一件哀婉的爱情故事。可是在当时，有人还给梁所长报告了这件事情。不是以关怀同志个人生活为缘由，却是作为"违反群众纪律"的一个典型事件汇报的。

唉，那年那月那些年轻的人啊……

第三件故事：干活累死了一个土工。

考古工作听起来是个轻省的活路，其实在上个世纪的五十年代，一切全靠手提肩挑，这是个比当农民还苦累的重体力活路。

死去的那个土工，正挑着一担一百多二百斤的泥土，突然昏倒在地，扶起来就断气了……我就想，我有一天会不会这样，累着累着一下子就把命送在考古这条路上呢？

衣锦还乡

一九五一年，所里的田野工作分了三个队。郭老一队，夏先生一队，苏先生一队。

郭老和马得志两人在辉县，将去年没有做完的工作继续做完，并在距辉县不远的地方做些调查。

马得志这个人没有接受过大学教育，他原是中学生，抗战开始后，日本人将他俘虏过去做考古，战争结束后调到中央研究院工作，和我同庚。

各个队配备的那些技术工人，对考古的顺序相当清楚，知道干啥活要拿些什么，准备些什么，如何辨认遗迹等，实践经验都很丰富了。

按照分配，苏先生和我、王伯洪、钟少林一队。钟少林是技工。王伯洪这个人很年轻，也和我同庚，是辅仁大学一个很有名的教授带过的学生，他学习的是中国古代史。这个人学问扎实，修养好，书法也很出色。但是，这位同志一直到去世，都未成家，四十多岁就去世了。

夏所长和安志敏、马得志、王仲殊在河南豫西，沿着当年安特生走过的路线重新调查，在那些地方做了些发掘，采取探沟法看点和采集标本，目的是为了找一个好的地点来发掘，要做些成果，利于定性、定时间去发掘。

清明之前，大家都下去了。苏先生、我和王仲殊等五人一起去的陕西。目的还是要找典型遗址，为开展大规模发掘选课题。

郭老在辉县做了一段时间后，去了洛阳。

那时候分配我跟苏先生到陕西开展工作的原因，一个是我是陕西人，可以照顾一下家庭，熟门熟路，到了当地也好开展工作；再一个，考古所的领导了解我在陕西做的那些前期工作，那次做的工作已经有完整的头绪。

朝鲜战争开始之后，考古所的主要工作集中在河南洛阳、陕西西安和山西侯马。当时就这三个地方，"苏援项目"占了全部项目的百分之六十。所以，我们第一次调查工作也是重点在这三地开展的。

当时各队里的年轻人都有一个老师带着。我跟着苏先生到陕西，由他带我。苏秉琦是做秦汉的，我当时想做商周墓葬。夏所长带王仲殊，梁思永带安志敏。这个安志敏在抗日战争时期跟日本人学过，在我们开始学的时候，他已经有助理研究员的能力了。郭宝钧带马得志，马得志是一般技术人员，没有职称，但动手能力强，很能干。那时候我们的工作待遇也挺好，一人一套工作服，翻毛皮鞋，都是单位免费发的。

陕西对文物一直很重视，这和当地"九朝古都"的地理位置有关。新中国成立，全国省份已建立了"文管会"这样的机构。陕西隶属当时的西北局，文物都是由西北局管理。回到陕西之后，幸好西北局有我的一个老同学茹士安（也是我在中学读书时教习书法的老师的儿子，后来此人担任了半坡博物馆第一任馆长），在三原读书时我俩同学，比较熟悉。苏秉琦先生过去在西安还留下个别熟人，新中国建立后也都入的这个行当。新中国成立前，北平研究院在宝鸡斗鸡台搞发掘，所以，苏先生对那里挺熟。

不过，对陕西的全面情况，宝鸡那边、西安地区的，当地自己铺排的摊子很大，苏先生尽管都知道些大致情况，但了解得已经不是很全面了。于是，和地方联系好后，我们主要在沣镐附近调查，在斗门镇的一个农户家住着。后来我们移到沣西开水庄，沿着沣河考察。

大约从三月开始到麦子搭镰，我们工作了将近三个月。这一段时间，我们的工作并没有大的进展。因为，苏先生那阵子到斗鸡台去了。当时负责的主要是徐炳昶等几个人，徐当时还是个实习员，这个人心里对工作也没有底。我和王伯洪都没有做过这些，几个人乱哄哄做了一月左右劳而无功的工作。我倒是还有点兴趣，王伯洪就觉得没有兴趣了。他和原先的一个老工人白万玉、一个技工三个人在沣西待了一个月，每天就在断崖上看是否有灰坑、地层什么的。当时，我一个人移住在马王村，就在那些自然村的边上看断崖，寻找灰坑，找到的东西并不多，但兴致很浓。

这个时候，我和苏先生商量，请求一个人去泾河那边跑跑，让他俩在这边守着，苏先生同意了。

我单独出去以后，在北郊找了一个年轻人给我背着包，开始漫无边际地去采集陶片。实际上，我也不知道这样能不能找到东西。这么做，主要是不满意苏先生的这种指导工作的方法。几个人整天窝在一起，不做一点正经事真是让人很难受。

当时，我是沿着泾河走的，到五月间，终于有点收获，发现了四五处遗址，还有石器时代的东西。大约又跑了一个多月，到五月中旬，麦子快熟了，我就先回到西安。接着，自己到东郊灞桥那一带又走了一趟，并采集了一些珍贵的标本。

那时候，西安近郊都是农业区，出了四个城门就得雇马车。那时的"郊区"听起来离城很近，但进一趟城，那得坐好几个小时的马车呢。听起来就那么点路，可要进城里去办个事情，单程得大半天，来回就得耗费一整天的时间。

我这次自主出去溜达，苏先生并不是很高兴。放我一个人逍遥自在地出去了，其他的也就会这么想：石兴邦这小子一个人玩美了。可是，就是玩，也得跑那么远的路，他们根本就不愿意跑路，吃不了我吃那个苦。搞考古，不跑路就没法做。那时候，年轻人哪能穿得起皮鞋，一双新布鞋十多天就穿烂了。那次，我出去那趟，还发现了一些东西。他们几个人只是在"点"上做，对断崖上的灰坑编号，根本没有太多的实际意义。

那时候，生活也简单。我出去的时候，在沣桥上碰见卖鸡蛋的农民，就买些生鸡蛋拿到当地农民家煮着吃。有时到了吃饭的时候，干脆就混到农家一起吃。功夫不负有心人，两个多月以后，我总共发现了十几处遗址，有商周、汉代的，反正不少。

说实在的，那次，我们陕西这组成员之间协作得并不是很好。苏先生这次回到陕西来，对这边的情况已经不怎么熟悉了，也不善于利用当地的同行，工作开展得就不是很顺利。

初到西安，我告诉他，我在三原时有一个同学，比我高一级，茹卓亭的孩子，叫茹士安，在西北局文化处工作。由于这个人在文化局是负责这方面工作的，想见见苏先生。苏先生嘴上说行，却显得对见这个人很没兴趣。一次，茹士安专程来拜访苏先生，还一起去了工地，他却对人家的登门拜访很冷淡。

其实，茹士安那次的目的主要是想和他谈工作上的事情，希望中央能够派人下来支持陕西，交谈的话题还是些陕西这边需要保护性发掘等重大问题，人家态度也很诚恳。但是苏先生的态度不是很积极，甚至有点瞧不起人家，让地方同志很没面子。

结果，陕西的工作告一段落，我们就回北京了。到暑期，陕西这边不知什么人把苏先生反映到了考古研究所。起先我们并不知道"告状"原因，后来才知道是苏先生在当地买了一块"玉璧"，搞得群众影响很不好，最终导致当地的考古人员也不好开展工作等等。

这件事情我知道底细，其实是个不大点的事儿。

沣河流域有个草堂镇，鸠摩罗什当年就在草堂寺庙做过住持。这里一溜排列有几个好的遗址。此前，当地农民在耕地、取土的时候，经常会耕出些商周文物。历代的当地政府都没有做过组织收缴这些事情。说到这一点，我们陕西民间家庭的文物收藏量，绝对大大地超过了一些省级博物馆的收藏，还不乏从未面世的精品。

我们在斗门镇的时候，有一位农民拿了件"璧"给苏先生看。"璧"是商周时的礼器，圆圆的，中间有个大洞，有石质的、玉质的，有些有雕刻很好的工艺，是很有文化价值的前三代文物，十分珍罕。史书上的"完璧归赵"，讲的就是这样的物件。

当时，我独自在外边逛荡了两个月刚回来，苏先生拿着一件"璧"给我看。我一看东西是老东西，玉质不错，工艺也挺精美。原来，当地农民啥也不懂，一看我们是考古的，想拿这东西卖点钱。我就和他们交谈讲价，最后苏先生花了三十元钱把那东西买了回来。我们那时的补助一天是五角钱，这个东西就得花去两个月补助金呢。

我当时口袋里没钱，苏公自己有几十块余钱，想也没想就掏钱买了下来。至于这个东西是私藏了，还是上交了，我一点不清楚。不过，在考古界有个不成文的行内规矩，那就是个人一生都不能搞收藏。因为我们每天都和发掘和文物打交道，必须身正心静。比如，我在北京那个贵妃墓和后来的法门寺地宫，那些金银财宝一抓一大把，这些东西古人又没埋着账本，少几颗宝石谁会知道！不过，我们只把它当成是文物，从来不觉得这些东西是可以换钱的金银财宝。咸阳那边有个考古工作者，就因为操持不好，随手拿了墓葬中的一颗金戒指，最后被政府判了十二年徒刑。

说到收购古物，现在有法可依，以前没有。再说，当时群众发现了那些东西，都是自动上缴，领一面锦旗或者几块钱的奖励就算完事了。一些农民看见就那么点奖励，根本不上眼，宁肯自己把东西藏匿着，也不愿意上缴国家。

要说的是，那时候人民政权的民主权利很大，上面来的干部得罪了地方干部，就会落个"不走群众路线"的评价。就这件事情本身来讲，并不大，我认为这都是苏先生的态度傲慢得罪了地方同志惹来的"祸端"。多年后，就因为陕西告过苏先生的这次"御状"，所里再也没让他来陕西参加一些重要发掘。以后，苏先生也刻意回避来陕西工作。多次调查，都是由我负责的。王伯洪在所里留着，后来做沣西他才来。

一九五四到一九五六年，西安开了四个工地，工作量很大，在共和国考古史上也都很重大，结果，所里都是指派我们这些年轻人做的，老人手都没有上去。所以，那个"玉璧"事件对苏先生的考古人生也是个不小的影响。他那个人面皮很薄，大知识分子嘛。反过来说，苏先生这个考古大家的频频"缺席"，对我们陕西在建国早期的考古工作也是一个无可估量的损失。后来，苏先生去了北大，建立考古专业，在理论学术方面取得了丰硕的成果。

妃子墓里的珠宝

一九五一年的秋天，北京西郊颐和园的西边要搞城市建设，遇到了几座明代皇帝嫔妃的墓葬需要发掘迁移。

这两个墓葬一个是天启皇帝妃子张裕妃，一个是嫔。前一个墓葬由安志敏带了几个年轻人，并由他负责发掘。这个墓葬地势较高，未经浸水，存留的东西不多，且历年都有盗掘。

一个月后，另一座嫔墓出来了，却水汪汪的一大片，墓道里还在不断浸水，积水已经淹没了整个墓道。不过，这个墓虽然长期被水淹着，但也侥幸保存下了所有的随葬东西。为了完全清理好墓葬，只能先抽水。

我们调来几台水泵抽了很长时间，就是不见水面往下降。最后才发觉周围地层的溢水速度明显快于抽水速度，只好又加了几台大功率水泵才解决了这个问题。

当棺材慢慢地露出水面，我们这才开始清理。那个长长的墓室里，一共埋着七个女子。在封建社会，皇帝老儿死了，这些生前一辈子也见不上皇上几面的宫女们，却一个个活活地被殉了葬……整个场景真是令人觉得惊悚。

这其中，两个棺材已经被盗，三个棺材被水泡散了架，完整的只剩两个。把水抽干后，我才领着那些技工下去，一点一点地清理淤泥。

尽管地下水大，墓室砖石倒挺结实，基本没有坍塌。聚集的地下水,使棺材和周围放置的东西都漂离了原位。棺材下面的泥水里,铺了很多的铜钱,掺和着许许多多金银玉器,都混在淤泥里。伸手下去,一抓就是一大捧珍珠,其间还混着许多名贵的宝石……

清理完墓室淤泥后,我们将两个完整的棺材当场打开,开始一点点地剥离,尽量保护更多的墓葬资料。里边的人尸早朽掉了,几百年了嘛。但那些衣服由于浸在水里,保存下了一部分。

由于那儿在城区附近,知道情况的群众很多,起棺材那天,周围许多群众都来看稀罕,北大那边的学生来得最多。那天,毛主席的女儿李敏也挤到现场来看热闹。

最后打开的是嫔棺。

嫔的棺材质量很好,衣服保存得就比较完好。尽管有些东西腐烂掉了,但凤冠霞帔保存得很完整。尤其是那顶凤冠,珠玉金银,镶制得十分精美,我拿到手里一掂量,感觉有好几斤重。看来,做一个娘娘也不容易,戴着那么重的凤冠在宫廷上走来走去,脖子肯定会很不舒服。

这件事情自始至终都是我和王仲殊负责的,大概从头到尾做了两三个月,七月开始,十月多结束。当时,我在工地吃住。王仲殊一般是关键时候才来。出文物的时候,由他亲自拿回去给所里领导看。

这次发掘的文物,全部转交给了北京市的文管会。报告写好后,我给梁思永看了。

安志敏发掘的那个墓葬,基本没有什么,所以报纸也未做大的报道。但是,他这个墓葬的相关内容则在报纸上发表了。

失之交臂"马王堆"

考古工作十分辛苦。可是，选择了这个工作，从领导到最一般的业务人员，都不可能在所里闲待着。正常工作就是全国各地到处跑，整天在野外受风吹雨淋。那个时候道路不好，交通不便，火车比汽车慢，汽车比牛车慢，整天都在路上。

北京这边的事情刚刚结束，我们便到长沙做发掘任务。中间没能休假回家，就赶着去了湖南。在一个国家级的考古所，我们都是这样整年忙碌着。所以说，考古工作者的小家庭，事实上常年都是两地分居着的。当时，我在北京，爱人在陕西。我离开时，儿子还不会走路，一年多后回到家里，不说儿子不认我这个父亲，就是我也连自家孩子都不认识了。记得当时我的妻妹也生了个姑娘，我们的是儿子。两个孩子一样大小，又没留小辫儿，在岳父家的床上，面对两个甜睡的孩子，我真的分不清哪个是我的儿子了！前前后后，我们夫妻就这样分居过十一年时间，有时一年半载都见不上一面。

长沙发掘是夏所长带领的，这次是和南京博物院的合作项目。曾昭燏院长派了两个人过去参加发掘工作，也是为了顺便培训一下他们自己的干部。

这次发掘的时间较长，一九五一年后半年的几个月时间，我一直在长沙待着忙活，过年都没工夫回家。当时，考古所的人都去了，我和王仲殊被安排的是发掘明墓，去得比大部队晚。

当时的长沙市搞扩建，周边发现的东西比较多，所以，所里的全部人马都去了。因为我们两个去得晚，选择的驻地距离工作站比较远，专门雇了厨子给我们俩做饭，待遇还真不错。

当时一共有三个工地。南京博物院一个，所里一个，我们俩一个。南京博物院的同志还抱怨说，夏所长是偏心眼，给自己的人安排的吃住条件都比他们好。其实，伙食标准都是一样的，主要是实地住宿条件有点差别而已。

夏鼐先生那个时候很想发掘一个大墓，他认为大墓里边的史料信息蕴含量大。于是，就派我和王仲殊两个人去了子弹库那边专门找着发掘大墓。正好，我们俩的发掘点就在后来发掘出重大文物的那个"马王堆三号墓"旁边。

那时候，经费很充足。我们也都年轻，没有什么顾虑，只要生活搞好就行了。吃好、睡好，把活做好，整天乐呵呵的。我比王仲殊的年龄大点，且学过考古，所以属于"半个"指导员。

记得是这年的十二月中旬，我这头刚刚放弃了子弹库那边的发掘，由当地的"土夫子"谢某等两人做向导，继续在附近古墓区做一些调查。

我当时向这个当地向导打问：根据你的观察，这块墓区还有没有没被盗、又值得发掘的大墓？谢某没吭声，把我领到了"马王堆"近前，并指着面前的一个大土堆对我说：这个墓我们过去挖过，但只挖了一半就停止了，里边的宝贝都还在。我反问：为什么要停止？这个人开始不肯讲出实情，但最后架不住我的再三追问，便讲了出来。

他告诉我说——

"那个时候马王堆四周还是一片荒草野地，我和另一个伙伴趁着一个即将要下暴雨的夜晚摸到这里，按照多次踩点规划好了的计划,在这个土堆旁边开始往下挖。可刚挖进去五六尺,忽然天空风云突变,一道抽鞭样的闪电过后,接着一个炸雷照着这个土包劈了下来,几棵大树当场被劈断,土包上的野草也烧焦了一大片,要不是我们正在几尺深的洞穴里,兴许人早已被劈成两半了。当时虽未被雷劈死,却也吓了个半死,等我醒过神来后,觉得很害怕。按说,吃我们这一行饭的叫做'怕鬼不盗墓,盗墓不怕鬼',什么鬼魂也不怕的,可这次我突然害怕了。我对同来的伙伴说,刚才的这个雷,恐怕是天老爷给咱的警告,别再干了,赶快逃命要紧。同来的伙伴也被那雷吓坏了,立即表示赞同,于是我们两个人钻出洞口,用铁锹将挖出来的土又回填了一阵,便冒雨跑回家去了……"

谢某说着,用手指了指前方不远的一个塌陷处对我说:"就是这个地方……"我走过去看了看,没有再和他说话。

这个时候,我想起了一年前在河南辉县发掘那几个大墓的情况。当时,挖到一半的时候,就发现了多处盗洞,我们判断里面的文物可能已被盗走,墓室破坏得也很厉害,便决定放弃。这个时候,那些"土夫子"也是百般劝说盗洞绝对没有挖到底,里边肯定有好东西。结果那次在他们的鼓动下,我们又组织人开始往下挖,但费了九牛二虎之力挖到底一看,有价值的文物全被"土夫子"们给盗光了。

此刻,面对眼前这个"马王堆",我倒是很想发掘这两座规模宏大的墓葬,但鉴于一年前在河南辉县的教训,我心底无端地认为"土夫子"们的话靠不住,还主观地认为,这么显眼的两座大墓,几千年就矗在这里,当地这些职业盗墓者是不可能轻易放过的,说不定挖到底还是竹篮打水一场空。想到这里,就有点进退两难。

我在"马王堆"徘徊观察了好几次,倒是想找一块墓碑,哪怕是残垣断壁或是几块陶片,但都没有找到,看到的只是土堆之上那杂乱的丛草。面对这个结果，我不知该不该将这个没底没面的事情如实上报，只好带着疑虑和恋恋不舍的复杂心情返回驻地，并还是将情况向夏鼐简单地提说了一下，等待所长的意见。

夏鼐听了我这话，当时很兴奋，亲自领几个人随我到马王堆和附近区域做了实地勘察。当时，一道前来的湖南省博物馆馆员程鹤轩还补充介绍说，一九五〇年，当地农民协会也曾组织农民试图在"马王堆"一侧打洞取宝，后来却没能做成功。

夏鼐在马王堆两个耸立的大土丘上转了几圈，始终没有作出发掘还是放弃的决定，只是对随同而来的程鹤轩说，这可能不是五代马殷父子的墓，而是一座汉墓，很可能还是属于西汉早期的墓葬。你们当地这个"马王堆"其实是名不副实的。不过，这么大的汉墓，可以先通知湖南省政府造册保护下来。

其实，当时还有一个情况，所里当时手头急需做的大墓很多，腾出那么多人手发掘一个自己没把握的墓穴也不是夏鼐的初衷，最后，我们决定先不做这个墓。

就这样，"马王堆"这条大鱼就在我们师徒眼皮子底下漏网了。不过，坏事也是好事。依照当时的技术条件，如果挖开了，一些意想不到的出土文物肯定是没有办法保护的。

后来，那个墓经过发掘，出土了十多万字的帛书，成了国家不可多得的历史文献资料。帛书的内容涉及古代哲学、历史和科学技术等许多方面。经整理，共有二十种书籍。另外还有几册图籍，大部分都是失传的佚书。

还真如"土夫子"所说，这个墓真的是没有被盗掘。

当时，过春节我们都没有回家，两个人在另一处大约发掘清理了七八座墓葬。

这个时候,夏所长已经给我打招呼说,这儿完了还有个任务。当时,河南禹县有了重大发现,需要人力过去开展保护性发掘。他说完这话,害怕我心急影响发掘质量,让我不要急,把这儿的做好,回到北京后再说。

当时,全国的工地很多,就我们这几个人手。手头的活路还没干完,新的任务又出现了。工作起来像打仗,山南海北地跑,一个人恨不能生出四只手来。

需要说的是,在长沙时我们和地方上合作得比较好。陈豫西是当地的一个老军阀,新中国成立后在地方上是省级高官。他本人很慷慨,对考古工作也很支持。关键是他本人很喜欢文物,知道实地考古的辛苦,交了我们这些人,最后都做了好朋友。

自作主张的"土夫子"

长沙发掘结束后，禹县白沙宋墓的发掘就开始了。那是我一九五二年春天接到的任务。河南禹县当地要修水库，淹没区有些古墓葬得迁移走。

库区发现的多是宋墓。第一期是派宿白他们去的，我是第二期去的。这次所里共派了三个人，我、王仲殊、陈公柔，我是领队。这次是国家文物局和中科院牵头的，文物局派去了一个秘书谢元璐（王冶秋的学生）。我们做发掘，他们负责将那些完好的墓室切开，运送回博物馆等地重新复原。所以，需要现场做好测绘。

这一批宋墓不深，内部结构完整，墓顶有八角的、六角的，墓室面积和一间房子大小差不多，整体也是依照当时人们的居住房屋建造的。出土的文物主要是瓷器，总体的陪葬物较少。墓室壁有四壁、六壁的，壁上画有壁画，有生活习俗、也有墓主生前的活动等。有夫妻合葬、也有单人葬等。大约两个月左右，我们发掘了七八个墓，工程很紧，墓葬出现后，我们清理，谢元璐他们做测绘迁移。到了五月初的时候，我接到梁思永先生的信，将我又调回长沙，将白沙墓地的工作交给王仲殊。

原来，去年我们在长沙做发掘，当时虽然出了很多的文物，但并未做完，我们考古所就回去了。后来，那个在长沙做文管会主任的陈豫西等我们走后，觉得国家考古所在这里出了很多东西，周围肯定还有，他就找文管会那些老先生论证了一番，自作主张地雇用当地土夫子开始自主做发掘。所里得到这个紧急情况，让我赶紧去长沙看看情况。

我去了以后，发现他们还真的在大干。我赶忙给陈豫西老先生解说，考古发掘国家是有条例的，不能随便做，并吓唬他，这次是"中央"派我下来了解情况的。他们当时听了，立即收拾了摊子。这伙人大概挖了五六个墓，由于他雇的那些"土夫子"都是我们去年雇用过的，已经有了经验，破坏还不是很大。我一个一个看了，并拍了照片，以便给所里做汇报。

东南局文化组一听长沙文管会捅了个大"漏子"，搞得"中央"都派人到当地了解情况，赶紧派专人来"配合"调查。巧得很，这个人是我认识的吴铁福。

吴铁福本身是研究历史文化的，广东人。他了解这些实情后，和我合作得较好。后来，这个人调到国家文物局管理文物。鉴于当时的情况，吴铁福批评陈老言词严厉了点，加之吴铁福是当地人，陈老就不接受了，两个人闹得很僵。

我在长沙大约待了一两个月，帮他们把那些已发掘的墓葬做完清理后，结束了这边的工作回了北京。

不过，就这件事情来说，陈老先生的出发点还是好的，只是不懂考古的规矩。在后来给我的信里，老先生反复解释了他们保护文物的好意，少不了还把我恭维了一番，请我给上面说些好话，并给我保证说他们再也不敢私自干了。

"黄埔一期"

从长沙回京之后,我就被安排着手准备考古训练班的事情。

当时那种形势,各地都在展开社会主义大建设,动用土地很多。为了配合国家基本建设,需要一大批考古工作人员。当时那种情况,各省考古人手越来越不足。就全国来说,本来只有二十几个考古学者,其中大多数被老蒋裹挟到台湾去了,只给大陆剩下不多的几个人。当时,建铁路、修水库,需要处理的地面古迹就很多,更别说那些看不见的地下文物了。新中国成立才两三年,院校培养根本来不及。有人建议搞个考古训练班,以解决火烧眉毛的人才困难。

所里八九月开始筹备考古训练班这件重中之重的事情,拟定了第一期培训开班时间、人员数目、培训要求。人数在八十人左右,培训暂定三个月。每省必须有指标,中央有些单位也派有干部来。这些人文化水平高低不等,年龄也很悬殊。有些人干脆就是行政干部,对考古一点基础知识都未接触过。我们将那个训练班戏称为"黄埔军校"。

这期训练班是由国家文物局、北京大学、中科院考古所三家单位联办的。北京大学当时派尹达等几个学过考古的教授来授课,尹达是研究文物和"敦煌学"的,搞教学还是有些基础。宿白也在北大当老师,负责古建课程。其他省份支援来训练班授课的教师很多,南京博物院当时来的是曾昭燏,她和夏所长都在英国留过学,专业学习历史考古的。四川来的是冯汉骥，在美国和梁思永等人一起留过学。东北的是李文信，是和日本人学习考古的，在沈阳博物馆工作。东南的厦门大学有一个，其他的则是一些大学和地区上的文管会干部，来讲讲其他和发掘有关联的文物法规。

培训班八月开课，九月实习，十月底结业。当时也没有章法，课程设置主要以讲课人的知识构成为主。学员中，大学毕业的也是较多的，还有一些行政干部。班里基础课涉及历史、文物、发掘方面，大课设有"田野发掘"和"田野实习"两个类别。重点是"田野"，是解决燃眉之急的重中之重。

没有想到，这期训练班授课的"重头戏"突然全部落在了我的头上。我负责讲授的是田野考古部分，理论和实习两个方面的授课都是我一个人来承担的。本来，这部分课程安排给夏所长给大家讲授的，他那段时间回老家搬家了，所以就由我这个弟子来顶班。不过，当时我内心也不怎么怯场，授课内容无非就是夏先生在浙大给我们讲的那些内容，而且我还有两年的实践经验。

当时基础课分类设有秦汉、商周、钱币等学科，由上海的几个老先生授课。其他的如陶、铜、玉器等是文物局的老先生教的。裴文中也是当时的老师，贾兰坡老师等讲授古生物部分。开始都是书面知识，后面则是技术课程。

听课一个半月，实习一个月左右。

令人羞愧的是，我那时也没有什么授课经验，就是照着夏所长以前给我们授课的讲义给学员灌输。那些东西都是专业性很强的理论，我曾担心他们听不懂。结果，我这个做法，大家反倒没有什么异议。那期学员的构成较为复杂，学历高低不一，深不得也浅不得。在备课的时候，我特意多加了些个人实地操作的体会。

首届考古工作人员训练班开学典礼

结果，为了这个"实地操作"的东西，学员后来却给我提了一大堆意见，说我讲课时爱"唠叨""闲话多"。其实，我讲的那些"唠叨话"没有一句是闲话，全部是实地发掘的实际操作的经验之谈，只是他们不喜欢听这个，认为这个"没理论水平"，是把他们当成普通的门外汉"糊弄"。

我当时尽管很年轻，在实际发掘中已经体会到，这些第一手经验应当让他们知道，也最实用。那些课本上的知识，在这么短的时间根本无法让他们去"消化"，再说，以后他们还可以通过自学去了解。而这些田野经验，是当时任何书本上也没有刊载的。谁知道，这么个好心，反倒落了学员许多不满意。

其实，我讲课还是很小心的。当时那种情况，怎么说学员也是把我当成年轻专家对待的，讲课的时候，你得把教案准备好，做到滴水不漏。学术上的事情，在课堂上丢点笑话，弄不好一辈子就翻不了身。再说，听课的人也不是一般的学员，大部分都是各省和部委来的有点级别的干部，更不用说，还有教授、副教授在旁听。在学术界，有些人喜欢在这上边捉你把柄的。讲不好，就闹出大笑话了。

不过，那期的学员中间也有很多学历素质都比较高的人。记得他们中间还有我以前几个老同学，如茹士安等。在中央大学的几个老同窗，这次在培训班却做了我的"学生"了。

总体上讲，这一期培训班十分必要，办得也很成功。后来，几乎一大半以上的人都是从这次培训班之后走上考古之路的。而且，后来都做出了很不错的成绩，许多人在中国考古史上都留下了自己的姓名。

谁发现了"半坡"

一九五三年,我带领一支考古队回到陕西搞发掘。北京大学的杨建芳、俞伟超也是那次来陕西实习的。第一班四个人,第二班七个人。邹衡是第一班的学生,是由夏先生辅导的。徐苹芳、黄展岳、俞伟超他们几个在龙首塬那边实习。

那时候,我已经和陕西当地合作做了些"课题",觉得陕西要做的东西太丰富了。号称"九朝古都"的西安的近郊,封建时代的文化积淀十分丰厚。工作了一段时间后,我和当地的吴懿祚沿着浐灞把两条河看完了,发现西安东郊电厂的基建区有许多"上三代"的建筑遗址和墓葬。这是以前考古工作者一直没能认真注意过的遗址。

遗址和墓葬的地点不同。

在没有形成"城市"之前的古代人,住的地方一般要比河床高些,既要有饮用水源,又不会闹出水灾。他们一般是选择距离河岸较近的土岭居住,也便于农作物的灌溉。

墓葬却很难说,为了选择一些背靠高点、前边有盘水的"风水宝地",有些墓地反而选择在低洼地带。

那一天,大概是中午时分,我腿困脚乏地走了不少路,就找了个土坎坎坐了下来,无意中发现河对面地势比较低的那个土梁梁有一道很整齐的断崖。

按照考古者的职业习惯,这些季节河水冲刷出来的层次比较鲜

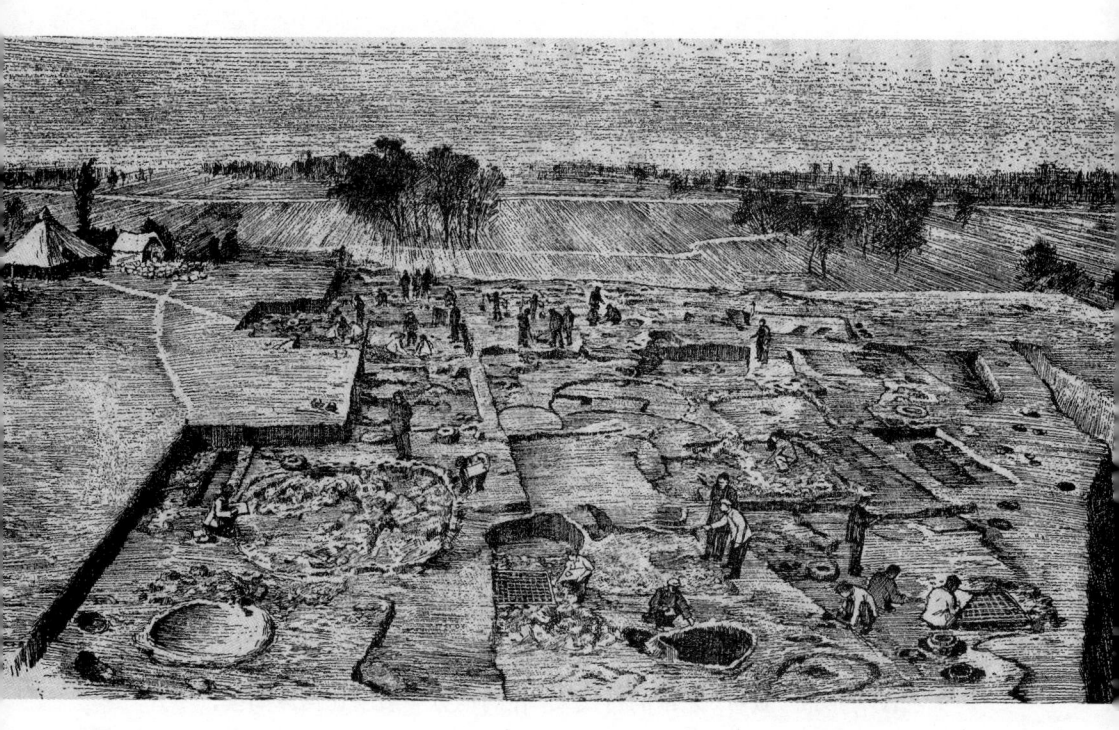

半坡遗址发掘现场

明的断崖,也是我们最愿意查看的地物。一个是这类断层不需要动手"做"就很完美地展示了地层,再一个是此类断层纵深很好,土层堆积一目了然。到了近前,经仔细观察,我立即判定这个断崖的横切面应该是现代人为取土挖下的,不是自然形成的。

那个时候,无论垫个庄基,还是生产队垫牲口圈,都会在村庄周围的高地下边取土。而这种人为动土遗留的土茬,要比那些自然冲刷的更容易保留一些土层信息。我仔细一看,那个取过土的断茬上边已经露出很多东西,地下也散落着一些碎陶片。

我静下心来,攀到高点的地方用镐头打了打,发现土层里遗留着不少器物陶片,还有明显不是河水冲刷形成堆积的小石片,一层一层的,十分丰富。也就是这个时候,我也是很随意地拿起一个陶片打量了一下,半坡这个不起眼的小地方,开始露出她那很惊人的本来面目——一块陶片,仅仅是一块小陶片,我就做出了这个判断。

当时,我手里拿着那一小块显然是古人精心打磨过的陶制片状物,抑或就是他们曾经使用过的"生活工具"呢。当时我那个心跳得都快不行了,好像亲眼看见了这块土地的先民们就在周围那些依然长着蔬菜的地里劳动着……回去以后,我立即将这个情况写成报告交给所里。

说到这一点,如果不是社会经济大发展,国家也不会派出这么多工作队深入到各省参与保护地下文物。如果这些陶片和石片遇到的不是一个专业的考古工作者,一般民众也绝对不会关注动土的时候出现的这些毫不起眼的东西。

可以说,从半坡遗址的发现到最终发掘,虽有着许多的偶然在里边,也有着其必然的因果。

半坡真正的发掘,是第二年的事情。当时,北京所举办的第三届考古训练班开课了。不同的是,这次的学员全部是北大的在校学生。办班结束后还是实习课,有些老先生提出,这次是否可以考虑去南方实习一次,毕竟有湖南的马王堆那一片已经发掘的墓葬可以做实地使用。最后,这些提议都被否决了。

这一年,中国考古界有个非常情况,梁思永先生去世了。夏鼐担任所长后,觉得陕西这个"点"多年来做得多,也做得好。他提醒地对大家说了一句:"石兴邦在西安'半坡'东边那个建电厂的地方已经做过一个遗址,还发现周边不远处断崖有先民生活过的地质迹象,他个人有个大胆想法,在那儿一定能发现一些前所未有的东西。那些遗址的发掘,有实习条件。加之白鹿原三级阶地上散落着各代墓葬。我看,这次实习遗址选择点放在半坡村一代,墓葬实习点选在国棉三厂福利区。那里正在施工建设,发现了不少汉、唐墓葬,两地相距很近,将来学员的工作生活都方便安排。"

那时候,我在所里也有发表意见的小"地位"了。一听有人还在那儿发表去南方的言论,我这头就极力劝说他们把实习点选在陕西。因为,那个时候,我冥冥中觉得半坡村那块地方,肯定有不少好东西需要我们去探清楚。究竟能搞出多大的动静,那时心里虽然没底,却敢肯定即便是大规模发掘,也不会劳而无功。最后,所里决定了将这次培训实习地址放到陕西。

那次,辅导员是黄展岳、俞伟超,实地教学工作相对轻松了些。我这次也算训练班的人手,负责田野实习总辅导工作。

谁也没有料到,这次实习发掘开展不几天,居然揭开了一个人类六千年前的实地生活场景,这就是震惊中外的——"半坡原始氏族公社聚落遗址"。

记得田野实习大约是九月份开始的,先发掘墓葬,再发掘遗址。

在发掘史前遗址方面，世界上谁家也没有经验可借鉴。于是，我们改变了前苏联那一套工作方法。以前打探沟，只是了解文化层堆积，并且将器物取走就算完事。要保留遗址的完整性、历史性，应当怎么去做？

我那个时候才三十冒头儿，正是初生牛犊不怕虎的年纪。年轻人敢想敢干，没有包袱。经过反复考虑，我觉得只有采用全方位探测，大面积揭露，并以层位、层次向下发掘，所有迹象出现时均保留不动，以待全范围揭开后，再做观察分析，然后再根据实际情况研究第二步的发掘计划和方法。

正是采用了这种超常"大胆"的方法，与过去打探沟、切成条条块块分割的方式大有不同，我们最终才发掘出一座保存完整的倒塌的圆形房子和一座大长方形房子的残迹，以及其他房屋建筑遗迹。由于黄土高原气候干燥，出土遗址迹象清晰，令人感到十分震撼。

这是中国人第一次发掘出的古人类完整的史前居住遗迹。

应当被历史记录下来的是，由李仰松先生带队的北大考古专业班的三十二个"学生军"，在半坡整理发掘中，付出了很大的心血。这些年轻的学生，事业心强，学习热情也高，还很勤快，技术处理也很专业。鉴于这个，我给他们安排发掘的都是那些重要部位。那些房屋、窖穴、瓮棺葬和大批的工具和陶器，都是这些胆大心细、学风严谨、听从招呼、精力集中的大学生一铲一铲清理出来的，他们的精心劳动为半坡博物馆的建立，保留下来不少基础性的实地原貌和实物资料。

在举办结业典礼时，北京文物考古界的领导同志都来参加了这次隆重的工地结业，当时裴文中先生也来了。我记得他在大会上说："用'半坡'这个方法发掘遗址好，过去打探沟把整体房屋都'切切糕'

圆顶房遗迹

样切掉了，石兴邦这次做得不错。"

那次，裴文中先生看了当时半坡出土的器物后，认为这些东西形制有些怪异，是否属于仰韶文化还不能确定。直到这个遗址整理到了第三年，在一九五五年五月份，又出现了很多新的类型后，学术界才确定了半坡是仰韶文化"半坡类型"。

当然，我们当时在基础性挖掘的处理细节上，还是汲取了一些前苏联和西方的传统经验的，工地那么忙，我还赶着翻译了多篇苏联专家的文章，一边实践，一边总结。

遗址当时一经揭开，东西一下子都出来了，场面很大。人骨最后才陆续有出现。其中，有两座房子保存完整，其中一个原样倒塌，下面也没有压人。这是个圆顶房子，最顶部就好像圆锥把上边那个"锥"取掉了，实物部分是圆台那个样子，就是上边那个"圆"很小。另一个大房子，被俞伟超做坏了，没有画图，没有照相。当时我去了沣东那边挖周墓，不在现场，这是让我今生感到最最遗憾的事情。

当时，训练班结束后，考古所的同志留下继续工作，像俞伟超、金学山、杨建芳、张云鹏、王振江等同志都参加了发掘。训练班的陕西学员也全部留下工作，我还记得有王世昌、唐金裕、王玉清、杭德洲、杨正兴、郝树屏、尹绍祖、何修颐、王子华等二十人。没有挖到底的继续下掘，对揭出来的进行解剖，以了解内涵及层积。

那时，由于没有想到以后要在这里建博物馆，所以将几处很好的房址一块块地解剖掉了，大型房子除将两个柱础全部取出土拿回外，将房屋架构部分都一段段地切开，将其残块堆到已挖过的地方，将圆形房子一片片地取下，将居住面也一层层剥开，整个房子被化整为零，使现在的参观者再也看不到房子内部的结构和包含物了。虽然在当时那种情况下，固然是应该这样做的，但在博物馆成立后，

大长方形房子复原图

要恢复大房子的原貌就再也不可能了。为此，我感到非常自责，现在想起来都遗憾得很。

后来，那些小孩儿墓葬陆续出土，"陕西半坡"一下子成为世界瞩目的窗口。

日本人历来对考古比较热心。一九五七年，中日外交协会邀请日本的访华考古团学者来中国做访问考察，成员多是当时日本的主要考古学家，大约有六到七个人，以《每日新闻》社的名义资助这次来华考察。日本考古界的学者看到半坡那个场面后，感到非常地羡慕，不论是文物发掘，还是在工地工作人员待遇等方面。那些专家都看傻了，觉得他们的考古在做遗址方面已经远远落后于中国了。

当时沣西在做大发掘，汉城也在搞发掘。那时还有个非常情况，正值要召开党的第八次全国代表大会，世界上八十多个共产党国家的领导人都要来列席中共的大会，上边通知说，大会完了，还得安排各国代表来西安参观我们这次发掘现场。

张忠培他们在半坡搞实习，这个时候房址、墓葬什么的都出来了，并开了展览会，大约有十几万人参加。那些北大学生的热情很高，不管来个什么样的人，他们都给大家一个一个地讲，还提出一个建设性的意见，为后来建馆起到了很好的提醒。他们当时呼吁说，应当在发掘现场举办一个展览会。因为工地紧邻着大路，已经吸引了不少群众来参观。我们经过研究，同意了学生们的意见。展览分为两部分进行，一是在发掘现场由学生现场讲解，再一个是在墓葬区的断崖下划出三十多米长的一段地方，挂了些图片和绘图，由群众自由观看（也有学生义务讲解）。

没想到，来参观的人络绎不绝，连陕西省和西安市党政领导陈柏仁等老前辈也来参观，并给予了热情的关怀和支持。当时，我们

瓷棺

还接待了不少来访的外宾，多数是东欧人，是在华工作的前苏联和东欧各国专家。

展会大约持续了一个月时间，参观的人数累计有数十万人。有附近的农民、工人、机关干部和中小学生。有些当地群众看到"古人"的坛坛罐罐居然这么重要，就把他们以前在附近其他地方挖土挖到的出土东西交了上来。

在这块地界，那些红陶尖底瓶时有出土，当地农民还给起了个名字叫"美人瓶"。令人惊讶的是，一些交来的东西比我们挖出的还完整。不但器物保存很完整，其形制工艺更精妙。这些古人遗留下来的东西虽然没有多少使用价值，当时被他们挖出来，还是被很仔细地保存着。农民又不知道这是六千多年前的东西，只是觉得古人烧的陶器很好看，当然也舍不得扔，至于那些破的，他们就没兴趣拿回去了。把这些完整些的东西拿回去后，他们也大都在后院的厕所墙边放着。当地人很迷信，主要是为了避讳，他们不敢把这些"墓"里挖出来的东西往正房里放。听他们讲，就是以前我发现的断崖那一块，早就有人拉土挖出不少那些坛坛罐罐，还觉得很晦气，用镢头一个个全砸了！

前苏联教育部的专家到西安参观完半坡，回到北京后就开心地给周总理报告了，说这是中国对人类一个了不起的贡献。说者无意，听者留心。总理马上让教育部长钱俊瑞亲自来了一趟，并且传达了国务院的意思。记得他那次来，从我这里一次拿走了我最初拍的三十张照片，用这些照片回去向周总理汇报。

尖底瓶

"人面鱼纹"之谜

　　当时,人们完全没有料到半坡会发掘出这么大的、并且相当完整的先民村落遗址。尽管我此前已经肯定地知道这个地方有先民居住的遗迹,开初还在那个断崖上亲自用镐头敲出来一块明显是经过人手打磨过的陶片,但当时我思想还是有些保守。因为那物件究竟是古人生活中使用的工具,还是当地人无意打磨的丢弃物,当时,我对这些都不是很清楚,但有一点,我肯定这里的地层里绝对是有好东西的。

　　发掘的主体东西初现,距离地面大概有一尺多不到二尺,就呈现出一座完完整整的圆房子。要知道,这些房子已经倒了六七千年了。接着,在北边的一个土梁上发掘出那间房子被整理出来,整个房子好像前不久才塌在那儿,上边的泥巴也没有被人为破坏,活像被人随地推倒后陈放着的,更是让人震撼。那时候,古人造的房子是用木棍做骨架、拿泥巴糊的"木笆"墙,倒是蛮结实的。

　　我觉得这真是个人类的奇迹,也是我们考古者的好运气。这片废弃的古老村庄,好像一直在那儿静候着我们来造访。

　　那个屋顶是圆圆的一个盖。空间大概有一百六十多平方米,是一座完完整整的房子。当时大家都很兴奋。后来还发掘到很多,完全是一层层摞着的。那时的人,一般是房子倒掉后在原址上继续修盖新房子的。

圆形房子复原图

我们按照规定将遗址一块块分开,有时候是一个方块块,有时候挖一个条条,然后一个一个分开挖。这个遗址有很多层,我们就一层层进行挖掘。当时,我们对遗址的每个细节都要发掘,认真观察、记录,一步一个脚印,真是眼到、腿到、手到、口到。每周还得给中科院考古所写一个周报。

说实在话,我们发掘的这个遗址所展现出来的"东西",都是人类学史全新的资料。开初,我们发现了一些小罐罐,大家都非常好奇,不知道里面是什么东西。打开一看,竟然是谷子。这些远古的庄稼籽粒和现在能碾出小米的谷子(糜子)一模一样,只是没有米瓤了,只剩下外壳,壳里面都是空的,见点微风,马上就能飘舞起来。

清理墓葬时,我们挖到了两三个陶罐,后来再挖还有很多。陶罐上面都盖着完整的"人面鱼纹"盆。大家都很高兴,都来观看。这是一个瓮棺群,里面放着小孩的尸体,上面盖一个盖子。有意思的是盆子底上都有一个眼。

当时,我就想,在远古时代,古人们已经认为人死后会有"灵魂"的了,这是不是古人为了让死去小孩的"灵魂"出来留的孔洞?按照他们的思想,孩子的灵魂能出来,就可以和母亲在一起了。而且这个村落的小孩墓葬都紧挨着母亲居住的房子,让我更能体会古人的感情。母亲便于照顾自己死去的孩子,也不希望孩子的墓地离她太远,以免受到野兽伤害。

过去,我们村庄里面小孩子在月子里死了,大人就随便裹个席片子把他扔掉了。按照迷信说法,这么小的生命还不能算是"人",过于敬事地处理这些小尸体,这些"小鬼"会作害人畜的。所以,小孩死去根本不会去精心掩埋,一般都是喂狼喂狗了。但是,古人那个时候怎么这么精心地要保护好孩子?而且,用他们的"图腾神"

人面鱼纹盆

保护已经死去的孩子?

我当时天天在现场,打开瓮棺的那天,我仔细揭开一个陶罐盖子,发现盖子背面绘着一个很完整的鱼,贴切地说是一只完整的"人面鱼"。几个鱼的图案,巧妙地头尾相接起来,却只有一个人样面孔,那样子,就和几个"鱼"戴着一个人的帽子一样。把这个清理完,然后我才一个一个揭盖。盖子里面没浸土,那些图案就跟新绘上去的一样,非常鲜艳。

那么,这些盖在瓮棺上的"人面鱼纹"图案,它又给今人叙说着什么意思呢? 一个八角鱼,中间是一个人面,有的鱼纹已经往图案化走了,"鱼"已经不是很写实了,而且已经出现了抽象化线条。还有一种鱼纹像两个三角对着,其实就是两个鱼头对着。它就是一个族徽,像现代人的徽章一样。半坡的这么一个地域,周边有许多河流,可能他们就是以鱼为图腾的一个氏族,是一支敬畏供奉"鱼"的先民部落。

还有,他们使用的尖底瓶。无论陶质细腻程度,还是外形美观精细程度,一直到入水自动倒伏灌水的物理原理利用,让现在的我们都感到惊叹不已……

这个村落出现的东西,完全可以写一部书。粮食种植、打猎捕鱼、房子搭盖、工具使用、文化出现、信仰图腾等等,他们当时甚至有了祭祀的地方——一个石质的祭祀柱,四周用小巧的陶盆排列整齐地盛放着祭祀品。

还有一点,人们也不能忽视。当时的半坡人已经非常地"爱美"了,已经出现了一些原始的小装饰。我们现代人总是对古人估计得有点低,对他们以前的生活形态设想得不够大胆。我曾经给许多人说,半坡人那时穿得并不比我们差,他们都笑了。事实上,他们那时不但已经穿衣裳了，还穿花布衣裳！他们会织布，而且织的布用的原料是很细的麻丝。用天然麻布做衣服，并不只是现代人的奢侈，半坡人那时都穿着这样的料子。当然，他们绝对也能染布，染的色彩还不局限一种，黄的、黑的、白的、红的，他们都能染。为啥？涂抹在陶器上那么多颜料的制作，他们已经掌握了。再看那些缝衣服的骨针，并不比现在机器做的质量差，他们的裁缝手艺肯定也很精湛。

这些原封未动的生活场景，活生生地展现了居住在浐灞河边的聚落先民，当时是靠种植和捕鱼为生，而且生活资料很丰足。最后才发现的那些鱼钩、鱼镖、石镰、石锄，以至于击打动物和河鱼的圆形石球，都使这些猜想得到一一印证。再后来，他们磨制涂抹陶器颜料的朱色矿石、"石砚"都出来了。还有那些陶片上刻出的奇怪符号告诉我们，那个时候，这里的先民已经努力地创造自己的记事"文字"了。

我是一个书法习练者，看见人类六七千年的砚台和这些歪歪扭扭的"文字"符号，心里就觉得，他们似乎依然还生活在我们身边，这个村庄的茅舍似乎还冒着做饭的柴烟。

可以肯定地说，半坡是一处典型的中晚期仰韶文化聚落遗址，丰富的文化遗存生动地展示了六千多年前处于母系氏族社会繁荣期的半坡先民们的生活、生产情形。当时，我就一直在想，这一生还会不会有缘看到比这个村庄更为古老的村庄呢？

那一年，我三十一岁。一个年轻人，仅仅积累过几年的田野实践，就让我运气这么好，能和自己的先祖们做这么多对话。这也是在日后六十多年间鼓舞我努力做好考古事业的精神支柱。

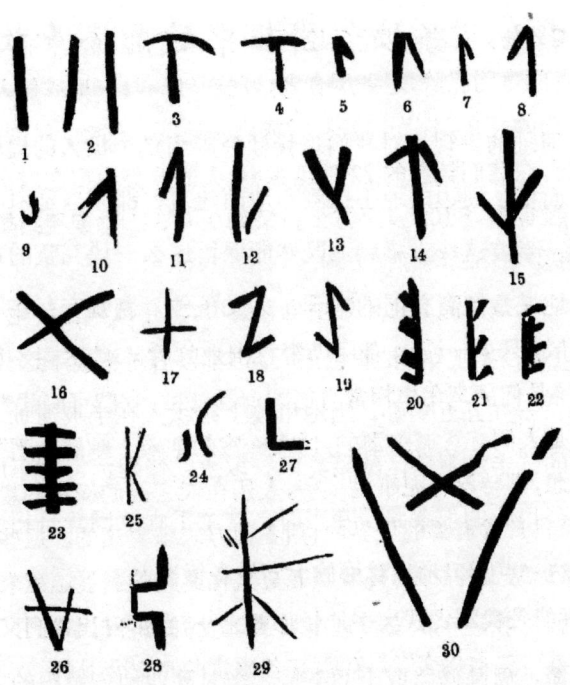

陶器上的刻符

发生在"半坡"发掘中的悲惨事故

半坡遗址的发现,对我们现代社会应当是个极大的提醒。无论从哪个方面讲,周边的地下探测和地面建筑,都应当是引起各界重视的事情。半坡这块土梁梁上既然能保留这么一块完整的古民居遗址,就近地域肯定有相同的地理、人文条件,也就有存在同类遗址的可能。可是,当时人都忙着盖工厂,谁都没有重视地下这些个村落。

结果,一九五五年春,当地市政上组织人在半坡遗址北部,也就是现在的"半坡聚落区的墓葬区"取土,修建浐河桥东岸至国棉三厂约一公里长的那条路。在当时,这个工程范围算是相当大了,取土高程达一点五二米,动用的土方量也相当大。

那时候,我还在西安整理半坡遗址发掘报告,事先并不知道当地在半坡遗址周围修路取土的事情。当时陕西地方组织的发掘队,也没有精力在遗址周边做出大范围的勘探。再说,当时的城市建设的探测和批准也都不很规范。

记得是五月初,听人报告说在"半坡遗址"附近起土挖出来一批尖底瓶。我闻讯赶到后,吃了一大惊。挖掘的土方中确实有零星的陶器和残断人骨,地上也散落着陶片和大块的骨骼,一眼便可看出确属"半坡聚落"同时代的墓葬区。于是我当即向取土工地负责人说明情况并征得其同意后,让人紧急停工,要求他们改在另一处取土。我也停止了手头室内的整理工作,带了几个熟练技工赶赴工地,进行那些墓葬的清理。

当时国家考古研究所下属的"西安研究室"（不是陕西的考古所）是王伯洪同志负责，夏鼐所长在北京还兼着这个室主任。我当即给夏鼐先生写了一封信，建议继续半坡遗址"后续发掘"。他很快回信，表示同意我的意见。我们那个时候做这方面的工作很难。一方面，得配合地方基建工程，为社会主义建设中即将来临的"大跃进"服务。一方面要进行学术研究，保护好地下文物，所里遭遇到的各方面的压力也很大。

记得夏先生当时给"西安研究室"的回信很严厉，原文是："半坡遗址墓葬区遭到破坏，很可惜，要赶快派人进行配合发掘。当然可以叫石兴邦同志继续发掘半坡的工作。"

王伯洪同志接信后立刻通知我负责这项工作。我接到通知后，当即停止了资料整理，带上杨建芳、金学山、余万民、牛永禄等同志赶到工地，正式开始发掘。不长时间，我们就将残留的一百多座墓葬清理出来，并全部保留下来。负责筑路的领工看到我们对一小片陶片都那么珍惜，想到他们铲土闹碎的那些坛坛罐罐，只能望着我们连连叹息。

当时，施工破坏了约二分之一到三分之二的墓葬区，还有在聚落北部的居民区，至少将一座双连灶的大房子推掉了。我第一次到现场已经看到大量的遗迹暴露在外面，一间大房子中的双连灶、两个火烧的圆圈依然清晰可见……

在一个考古工作者的眼里，当时的那个惨景真是让人不寒而栗。每当我想起这件事，心里都很难过。

还有一件事情，我也得给后人留下真实的说法。

在半坡发掘中，工地曾经发生了两件事。一件是"张云鹏怒回考古所"，另一个是"石兴邦沣东挖周墓"。

为啥要讲这两个事情，因为那时工地上的两个得力人物，一个是张云鹏，被我这个队长"骂"得撂挑子不干了，跑回北京去了。第二个就是我这个负责人，还跑去帮陕西地方闹那个"分外"的挖周墓，最终导致了工地出现俞伟超切掉一个大房子的事故！

这两件事，确实都跟我考虑不周、粗心大意有关，我应当负领导责任。但是，这个世界上的事情，公说公有理、婆说婆有理，也根本就没有一碗能端平的水。

事情其实是这样的：一天，张云鹏负责的坑那时有点迹象，他要打掉继续下挖，我坚决挡了。结果，他一生气回了北京。这个人平时自尊心特强，脾气不好，人绝对是个好人，工作也细心，做图和实地操作都很专业细致，很受那些大学生尊敬。这类性子倔的人，工作能力也强。不愿意受人说的人，说明他做得就是比一般人漂亮。至于学术上的看法，有时也可以讨论，在这个方面他倒不是很固执。问题是当时在工地上，当着那么多实习生的面，我毫不留情否定了他的做法，这应当算是我"领导艺术"不好，应当回来后两人私下谈谈，可能就没啥大事。那时我也很年轻，没沉住气，结果，两个火爆脾气人碰到了一起，闹得阵前折将，确实算是我的过错。

至于我为啥要跑到沣东挖那个西周墓，现在说说自己当时的那点冤枉也无妨。

十月份，沣东普渡村出了一座西周墓。当时陕西省上的茹士安和何汉南在那儿搞，北京所里来电话让我去协助一下，说这个墓很重要，省得地方同志经验不足闹出啥闪失。

我这边工作本来忙得团团转，人都恨不能生出三只手来，当时我应当给夏所长把这边情况汇报一下，再婉言回绝一下陕西那边。

但是，那边真的没人，我们经常在一块协作，情况也都清楚。反过来说，无论地方的工地活儿还是中科院考古所的任务，都是考古业务分内的事情，闹出闪失都是巨大的损失。于是呢，我也不好给所里叫那个苦。结果，我离开工地那一周时间，这边就出了个切房子事故！

到年底的汇报会，回到所里我和张云鹏就被一群人骂惨了。张云鹏的错误是"无组织、无纪律、自由主义"，言辞还较轻。针对我的那些话，已经不是批评了。记得陈梦家先生在会上义愤填膺地说："半坡这么重要，让石兴邦破坏了，本人应当登报向全国人民道歉！"列席会议的《考古》编辑部有个年轻同志，干脆说我是破坏文物的民族"罪人"。我当时被闹得想不开，不知道他们这些说法都是啥意思。

夏鼐所长是我的导师，两人平时也关系密切，他当然不好说啥。尹达这时却站出来，批评了我俩，其实更多的还是肯定和保护。针对我的问题，他说的大意是，作为负责人，丢下主要抓次要，有失职行为，应当接受批评。最后，才总结说："我觉得今年田野发掘这边没问题，工作实在，报告也做得很翔实细致，石兴邦的工作成果可以肯定。"听了老先生这句话，当时我都哭了。当时，那真是既内疚又悔恨，还很感动，当然也有些委屈。

现在想来，他们那些过激批评，也不是针对我个人，完全可以看出"半坡"当时那个影响在专家们眼里的地位是多么重要。

邓拓约我写文章

那年冬天，中国科学院评奖时，半坡遗址的发掘成果得了一等奖，给我发了伍佰元奖金。别小看那点钱，当时那却是一笔巨款呢。一些工人，那时每月才三四十元工资。我没要一分钱，一半给了北大的学生，一半给了考古队的同志们。

一九五六年秋天，《人民日报》社的总编辑邓拓同志从苏联访问回国路过西安，特地来半坡遗址参观。见到我时，他第一句话就说："石兴邦，你这个工作很有意义嘛。"那时，有些发掘出的房屋还是用芦草席覆盖着的，我一个个揭开让他看，后来还带着他看了些出土文物。一路他不住询问我一个问题——半坡遗址在史籍上有无记载？我告诉他说，史籍上有关史前的东西都是神话传说，没有实际生活的记载。他还是不放心，让我查查《山海经》，看看有没有蛛丝马迹。我当时心里很清楚，觉得那些神话文学作品，或者民间口口相传的故事，倒是从宏观上能供我们联想思考些东西。考古讲究的是实地实物，神话传说中也没有真正能拿到桌面上的东西，根本不足采信。遗址出现后，我自己私下也查找过所能看到的一切书籍，以期找到一些相关的记载。翻了不少书，根本没有这方面的只字记载。

邓先生临走时遗憾地表示说，以后若有新发现，他还想来看看。过后半个月左右，我给他写了封信，告诉他有些墓葬有了新发现，并征求他对我工作的意见。

大约过了二十天，他回信提出要让我将发现的新情况和意义撰写成稿，在《人民日报》公开发表一下。我就写了一篇《我们祖先在原始时代的生活场景》，约五千多字，给他寄去。我还记得是在当年十一月九号那天在《人民日报》全文刊载出来的。

文章发表后，全国有不少读者来信，对半坡发现十分感兴趣。时隔不久，我们在侯马开会时，我与谢元璐谈起文物考古界的研究工作问题，他告诉我说："你在《人民日报》上的那篇文章，国家文物副局长王冶秋很赞赏，认为这是考古界多年来最好的一篇文章，通俗易懂，很受读者欢迎。既有学术价值，也有政治和社会意义。"

《人民日报》全文刊载石兴邦文章

陈毅拍板建个馆

一九五六年四月中旬，国家文物局局长郑振铎和副局长王冶秋同志来西安视察工作，正好陈毅元帅率领中央代表团参加西藏自治区筹委会成立活动，回来也路过西安。当时，陪同元帅参观半坡遗址的除陕西省委书记张德生等领导外，郑振铎、王冶秋也陪同来参观半坡发掘成果。

那次，我担任给他们讲解的任务。

陈毅元帅到了陕西，听到口头汇报就很激动，也不听专门报告，提出要参观半坡遗址中几个重要房址。他一边看实地，一边看地图资料，提出了一些问题，我一一都作了说明。之后，我们又带陈毅元帅一行在西安研究室参观出土文物，看了陶器、彩陶、墓葬材料和小件石器、骨器等精细器物。完后，大家坐下喝茶休息，这才由我将这座遗址作了书面介绍。

座谈时，在场的人并不多。首先由王冶秋同志提出："半坡遗址很重要，保存得很好，出土文物很丰富，有很高的历史价值，应该在这里建一个博物馆，把这些实物给子孙保存起来，向人民群众宣传。"接着，郑振铎局长就半坡遗址的价值和成立博物馆与保护文物、进行爱国主义宣传教育等问题作了阐述，激发了大家的极大兴趣，使元帅对建博物馆一事兴趣更浓。

也就是那天晚上，郑振铎局长特意到陈老总下榻的房间去拜见

1956年,陪同陈毅副总理参观半坡考古工地(右一为石兴邦)

他，将成立博物馆的想法再次向他提出，元帅当即慨允。不久，国务院一次下拨三十万元建馆费，陕西也拨了五万元建馆费，并组织筹建会，开展建馆工作。

开始筹备的负责同志是王泂，他是文物局的干部。训练班完后，这个工作就交由茹士安负责，筹备了一年半左右。

一九五八年四月一日，半坡博物馆建成开放。那个时候秦俑馆还没有面世呢，半坡博物馆成了西安最热门的旅游参观景点。到现在为止，半坡遗址从发掘到建成博物馆，已经过去了五十多年了，它依然是我国第一座史前实物博物馆。

"半坡"给陕西长了脸

一九五六年六月一日,在北京召开了中国科学院学部成立大会。这个大会是中国科学史上的一次划时代的盛会。在这次会上成立了物理学数学化学部、生物地学部、技术科学部、哲学社会科学部四个部。这次学部大会除成立有关机构外,各学部开展了学术讨论,讨论的范围很广,包括发展科学的方针、政策和学术成果。

考古方面提出将"半坡遗址的重大发现和意义"作为考古学一个新发现和成果。考古成果由我在会上宣读。考古所的尹达、夏鼐和我作为正式代表出席大会,郭宝钧、陈梦家等老科学家都是列席大会的。当时,出席大会的多是学部委员和有关单位领导,列席大会的多为著名学者。

我在历史组,当时考古就包括在历史组内,我做了"半坡"发掘汇报。大多数学者感到新奇有趣,提出不少问题。考古方面的专家王天木做了评价和肯定,顾颉刚先生也问得很仔细,个别同志还讲了不同的意见。我非常喜欢大会的那种学术交流气氛,大家畅所欲言,各抒己见,气氛十分融洽热烈,许多老前辈和著名学者做了精彩的发言,使我受到了教育和启迪,受益良多。那个时候跟现在不一样,现在是大家各做各的研究,互相之间也不怎么交流,遇到学术研讨会也不怎么发言。

要知道,当时的西方国家对共产主义国家很仇恨,百般丑化新生的社会主义中国。大陆这边"半坡"的发现和保护,极大地改变了新中国在西方人眼里的形象。

那时候,中科院哲学社会科学部内之所以一下子能设立考古研究所、第一历史研究所、第二历史研究所、第三历史研究所等那么多机构,都和半坡发现在世界上引起极大影响分不开。

一九五七年,哲学社会科学部举行成立大会。那时候的学部委员,要求是政治方面没有问题的人,且为二级教授以上,如尹达、夏鼐、邓拓。第一历史所郭沫若为所长,尹达担任副所长;第二研究所陈垣任所长,侯外庐为副所长;第三历史所范文澜为所长。

陕西因为"半坡"的发掘,有了这方面的傲人资本,也趁着这个有利机会申请成立了中国科学院"西安分院"。当时陕西的主管领导眼光深远,一直努力争取在自己省份设立这么个分院,现在看来,他们太有战略眼光了,意识太超前了,太厉害了。要知道,这是当时全国除台湾以外,唯一被国家批准成立社会科学分院的省份。

半坡遗址的成果与收获在大会上得到讨论,稿子事前给夏所长看过。大家也看了些照片,都显得十分有兴趣。有些老先生很热情很热心,不停地问这问那。其中研究历史地理的一个学者顾颉刚打问得极为认真仔细。

此后,到了一九五八年,陕西考古所开始在西北大学设立。武伯纶担任所长。他当时还担任文物局副局长,研究古代历史。西大的刘士莪协助武伯纶处理所里的事情,并在西大讲课。副所长王家广,是革命老干部,他负责管理陶瓷方面的文物研究。

我当时也被聘在西北大学教学,讲授考古发掘及史前考古、外国考古的一些相关课程。

西安当时有几十个苏援项目,工作比较繁忙。除半坡外,沣西也开始发掘，由王伯洪负责，他是研究周秦的专家。王仲殊做秦汉方面的研究，负责汉城的发掘。

就当时情况看，半坡的出现，提升了陕西的知名度，也让陕西考古在那个时候已经走在了其他省份的前边。陕西考古所的建立，理顺了机构，培养了人才，积淀了经验。就现在来说，陕西在考古方面在大陆这么多省份中还是能当得起龙头老大的。

加入"陕军"探"周原"

陕西考古所成立后，所长是武伯纶。他是我在三原三中上学时的历史老师。主要负责行政的书记兼副所长王家广却不是做考古的，当时，他觉得自己的人手不够，就向北京伸手要人。点名要的有王仲殊和我等好几个，尹达不同意，他觉得要的人数太多，要求陕西所自己培养新人。尹达事后也给我说了这个情况，用他的话说，我们"老家"陕西"点将"要我回陕西呢，他没有同意。

后来，这个王家广自己到北京来了，亲自登门拜访，尹达还是不同意。不久，陕西省委书记到北京开会，亲自找到尹达，正式向考古所申请，要求将我调到西安工作。他担心这边依然不会同意，甚至保证说，"哪怕是暂时调过去支援一下也行，培养些干部后，再给你们把人放回来。"话已经说到这个份上，这次尹达没办法，只好同意了。在跟我谈话时尹达说，陕西这是向他"借"的人，你先去陕西工作一段时间，想什么时候回来都行。

当时，有这么个大气候，为了战备，国家的主要建设方向放在"三线"——西北、西南和二线华中一带。苏联援助中国的一百多个项目，在西安、洛阳、侯马第一批就有二三十项。因为美国的舰队开到台海给老蒋打气，中央也将沿海的项目放弃，暂时不做了，主要向内缩进。当时主要有长沙、西安、洛阳、侯马等地，沿海那一带暂停建设。

这样一来，陕西这边要做的事情肯定很多，我也愿意回到陕西这边工作。于是，就愉快地赶回来报到了。

那时候科学院西北分院就在现在的建国路附近。西安研究室占据的是一座最好的楼房，面向西的那栋。中科院考古所在这边的"西安所"是由西北分院管的。后来形势变了，西北分院迁到兰州去了，西安研究所依然留在西安。

到了六十年代初，陕西成立的考古研究所还没有办公地址，开始时是借用西北大学的地方。后来，中科院考古研究所要出几部书，有范文澜的、郭沫若的等，就征求学部的意见。学部组织了一个考察团，有尹达、刘向生、三所的副所长等，到各地收集考察资料。他们到陕西考察时，看到陕西考古所没有地方。原来那些房子，都是国家所下属的西安研究室的物产。不过，他们自己占用的不多，还有一些闲置的空房子，尹达就将研究室西边的一半房子全给了陕西地方考古所。

我调到陕西后的待遇比较好。科学院陕西分院的行政级别比同级单位高半级，我是按照"地市级"给的待遇。

那时候全国正在遭遇"三年困难时期"，一般群众的家庭生活已经相当困难。国家干部的一切生活必需品都是按级别定标准行事。糖、高级布料、食油、肉、烟叶等，都得凭证购买。在广大农村，别说粮食，树皮都被人剥光了。现在那些老话讲"吃低标准"的说法，就是这么来的。

我到所里名义上是副所长，但实际工作是我负责的。当时，每月给我供应二斤肉票、两把卷烟票、二十五斤高级面粉票，还有一斤糖票。卷烟票那些，我就给了吸烟的同志。至于粮票，当时还真的给全家老少解决了救命的问题。那个时候，饿死人的事都发生了。国家给予我的这些特殊供应，已经是高干待遇。

那时候，我只是人过来，工作关系并没有转过来。报到之后，武伯纶先生、梁德柱他们领我到社会科学院见了当时的院长，那时大家谈起考古这些事情的情绪都很高涨。我也很高兴，毕竟陕西是我的老家，人不亲乡亲嘛。

陕西是九朝古都，国家的文物工作也很重视陕西这块地方。当时的中科院考古研究所已经在陕西"占"了唐代的不少遗址、汉代的汉城等，这些大工程大部分都由中科院考古所负责在做。

我来以后，只有打外围。大概半年后，我到汉中去了一趟，并建立了点。首先将已有的考古营地搞好，并开辟了周原、陕北的清涧等一些地方。"凤翔工作站""汉中、长武工作站""汉阴工作站""彬县工作站""陕北工作站"，这些都是我到了以后巩固并开辟的新的工作点。

我还和省上的领导同志商量，将耀州窑（王家广负责）、陕北石窟寺、彬县的大佛寺这些地面遗址也纳入了工作范围。在这个过程中，凤翔的内涵比较大一点，多是陵墓。

开始做周原以后，我在那边派了一个干部。那时候正赶上干部精简下放，我报到来的时候，还从中科院考古所带来了七八个老人手。当时，陕西科学分院的院长、我等三个人去了周原，并将那里定为陕西考古的一个重点。

后来夏所长到陕西来了一次，我将这边的情况向他汇报了一下，其他方面他都没有什么意见，但是，在地域分配上，他希望中科院考古所都要"参加"。我已经是陕西这边的人了，当时没有考虑到这里还有中科院考古所工作的实际，也向他表示了不同的意见。

我的想法是，当时中科院考古所在镐京那边做，周原就交给陕西做，如果中科院考古所也插手周原，那陕西做啥呀？我们师徒在这个问题上当时还起了争执，谁也说服不了谁。

不过，老先生的意志很坚定。他给我解释说，周原那个地方确实很重要，现在国内馆藏的一些重要的青铜器都出土在那里。那个地方，自汉宣帝刘询神爵三年（公元前五十八年）以来，就开始出土青铜器，并屡有重大发现。一八九〇年，扶风县任家出土一窖青铜器，达一百二十余件。著名的毛公鼎、大克鼎、小克鼎和卫鼎等，都出土于这块地方。那个刻有四百九十七字的毛公鼎，现在还放在台北故宫博物院。大克鼎高近一米，直径一米，造型宏伟、壮丽，现存于上海博物馆。一九五七年，岐山京当乡董家村出土了一窖青铜器，共三十七件，其中卫鼎、卫盉有铭文，记载了西周中期有关土地的转让和买卖情况，对研究探讨西周中期土地制度提供了极其珍贵的资料。

夏老和我为陕西这个地盘分配的事情争来争去，后来还是我妥协了，让他们插手周原。按照夏老的想法，将两个考古所合在一起做。对于他这个主意，我却是坚决不再让步了。后来，他就又提出以代家沟为分界线，以东让中科院考古所来做，以西是陕西考古所的"地盘"。他自认这已经是让步了，心里还不太舒服，但也没什么办法再说服我这个学生了。

当时，我也难。这次回来，陕西的同事和省上领导还是把我当"上边"下来的人看待的。陕西地方这边，甚至觉得我这个人"身在曹营心在汉"。其实，我的心底是很倾向陕西所的。如果两家合在一起，陕西是"地方"，容易受到"中央"的压制，做一些事情就放不开手脚。

不过，后来还不错。两家密切协作，两个地方也都出了一些东西。代家沟以东、以西，都出土有甲骨文骨片。两家的收获大体上不差什么，算是和睦相处了一段时间。

1975年，石兴邦在周原遗址考察

我从所里带来的那七八个人，名义是"支援西北"来的，其实有些同志属于当时被闹成右派嫌疑人员，在北京待不下去了。这些同志，每天认真工作，思想还有那么多的心理负担，真的不容易。在一些能照顾上的地方，我都努力去帮他们，我们之间建立了很好的友谊。后来，有两个同志被支援到了新疆。结果，在那个阿勒泰，他们发现了岩画，一个个成果都做出来了，在中国考古界也都成了名气很大的专家。

"靠边站"的十年岁月

到了陕西一年多,做完周原那边,配合丹江口水库考古调查,我们也一起去做了大量工作。不久,社教运动开始了。我这个考古专家就被作为"抽调干部"去三原、咸阳做了一年多的社会主义教育,被称作"社教干部"。

一个学者,不能做自己的专业,整天做那些政治教育上的事情,跟一些文化程度不高的农村干部打交道,处理东家长西家短的琐事,人就有点心烦。

那一段时间,我思想已经有点动摇,不愿意在陕西待了。于是,便写信和北京的中科院考古所商量了一下,看看是否可以把我调回所里去。所里来信说,目前的情况,北京也不是很安生,让我最好继续待在陕西。再说,我是陕西"点名"要回来的专门人才,咋能想来就来、想走就走,要走人家也不那么容易放人。就是闹着走了,影响也不太好。

这也是个实情。当时,我和省上的领导关系刚刚理顺,就个人关系来说还都不错,工作起来也刚刚顺畅。当时所里的书记孟孙庆,还有些老同志,他们都劝我留下来继续工作。

那几年,还有一件事情令我很烦恼。当时和我一样当副所长的王家广,根本没有征得我本人同意,避过我去北京中科院考古所把我的档案抱回了陕西。这个事情,还是我去北京出差时无意中知道的。

1966年，社教干部会影（第二排右三为石兴邦）

所里告诉我，他们代表组织要你的档案，我们也不好强留。毕竟你已经是那边的负责人，提档案这么大的事情，我们以为是你自己的主意。

就这样熬了一年多，"文化大革命"开始了。

紧接着，工宣队进驻了考古所。我记得队里当时有两个工人师傅，一个姓朱，另一个姓安。度过开初那些毫无章法的"大鸣、大放、大字报、大辩论"，考古所就着手要建立一个领导班子，当时叫"革委会"。

大家那个时候已经慢慢理解了"文化革命"的意思。也第一次"理解"了"搞学问也有阶级性"这个古怪的问题。而且也"明白"像我们这些旧社会上过学的、家里成分不好的人，都属于"没改造好的知识分子""阶级异己分子""臭老九"，得让工人阶级领导着我们"干革命"。

对于搞"文化革命"，我们当时都不知道这场运动究竟能够搞多长时间，开始也都没有积极去参与。可是，干坐着看人家"革命"还不行，还得被逼着表明自己的立场态度。我当时对"文化大革命"也不好说啥，发言的时候说了点所里的事情。工宣队手下那几个积极分子，听出我的话有点"转移斗争大方向"的意思，立即说我是"自动跳出来"的"保皇派"，总算揪住了我点小尾巴，让我受了点小折腾。

按说，我这个人当时既不属于"保皇派"，也不属于"革命派"，属于没觉悟的"群众"。为啥我这个副所长一下子又成了无官一身轻的"一般群众"呢？这其实是一个行政上的小疏忽。

当时，我来陕西报到之前，在北京的中科院考古所是学术秘书、所长助理、研究室副主任，属于"高干"。到陕西所后，我担任的是副所长。所长是武伯纶，王家广也是副所长。当时，由宣传部派的人到考古所和大家见面，宣布我做负责业务的副所长。但是，那次宣传部随后没有协调组织部给这里出行文（派遣书）。

我这个人一般不太管这些个人待遇上的事情，工作了这么长时间，工资发多少领多少，自己到底是啥级别也懒得管，别人领多领少我也不过问、不攀比。结果，"文化大革命"开始揪"当权派"那阵子，他们准备把我拉着上台子批斗，在查档案时发现我没有"组织任命书"这一项，"革委会"里边那些人就趁机散布说我是"混进革命队伍"的地主子弟，就将我排除在"当权派"之外了。

今天说来，组织上当时这个疏忽，还真是救了我一命呢。这样一来，我个人虽无事可做，却没能被认作"当权派"，避免了遭受很多折腾。但是，由于我在"四清"运动中屁股比较干净，被看做是积极分子，当时还开诚布公地向组织反映过一些人的问题，得罪过眼下这些"革命派"里边的个别人。他们看见我"不打自倒"还有点不解气，让我作为"牛鬼蛇神"去"劳动改造"。其实，那点小劳动就是给所里扫过几十天的院子，那点小劳作比出野外搞发掘轻松多了。只是，休息的时候，他们让我得拿着一本"语录"对着墙大声自己给自己念，让人很憋气。自己小声默念还不行，非得让我出声朗读！

"文化大革命"到了中期，文化局收了考古所编入了文管会，我这个"执行修正主义路线的专家"还负责过几个重要的考古发掘，如在神禾塬发现犀牛等。那时候我时不时还多少有人在惦记，无论大小发掘，都会有点事情可做。

到了"评法批儒"的时候，陕西在长陵发掘出一些"法家"的墓葬。当时，刘邦墓地以东发现了一座大墓。大家都说那是周亚夫的墓，实际上是周勃的墓。当时文管会决定将那个大墓发掘，包括附近的

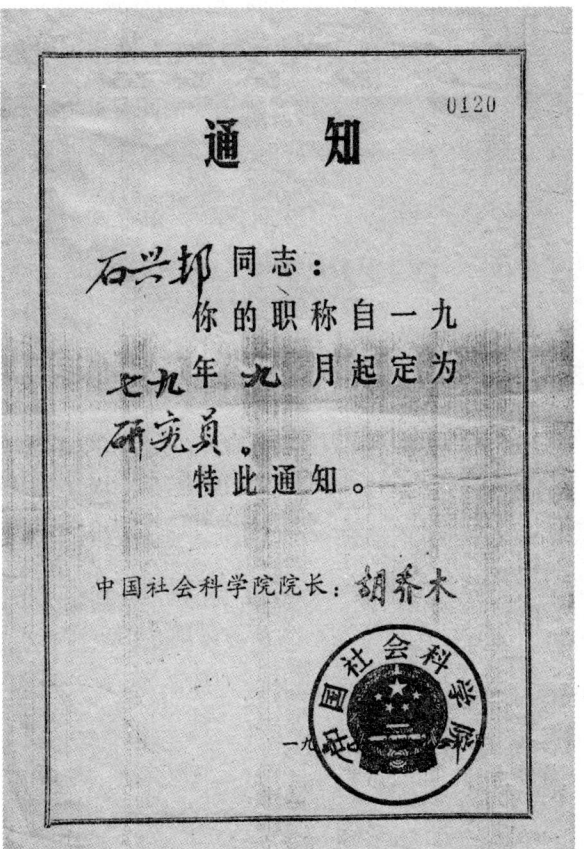

中国社会科学院颁发的职称通知

陪葬坑也做了发掘。

此前，文管会的工作队在那里发掘了一批"三千人马"俑。这次去主要是发掘大墓，前后大概有两三年的时间。

等到墓葬全面揭出后，我觉得周勃墓挖得还是有价值的。闹"文化大革命"多年，考古学术上有些东西已经停滞不前了。当时，西汉的墓葬大家都不清楚，周勃墓的发掘让我们发现了新的东西。但是，这个周勃墓在历史上被农民义军挖掘过，墓中的棺椁都被火烧过了，只发现了一些陶器。这个墓葬，也仅仅只是给当代人增加了对西汉的葬制的了解而已。这些墓葬的出土文物，最后都给了咸阳，正式报告现在还未发表。

在这期间，我去了一趟北京。尹达、王冶秋那时都回来了。我去北京的原因是，当时的陕西文物局挖那个周勃墓快结束时没资金了，他们居然就那么放下不干了，这怎么行呢。我只好跑到北京，找王冶秋要了大约二万元的经费，才将那个墓葬做完。

"文化大革命"十年，我只做过三处发掘。在十年时间里，让一个考古专家去搞"阶级斗争"，让现在的年轻人听来，这都是个不可想象的可悲笑话。

参与撰写《中国史稿》

中国早就应当有一本系统的历史教科书。

说起这个话题来,最早着手闹这个大事的还是尹达这个人。在抗日战争的时候,他就写了一本《中国原始社会史》。这部书我保存有样书,估计全国现在就剩下这一本了。

"文化大革命"中,尹达这个人开始还是很红的。大学者嘛,经常和郭沫若在一起闹些"上层建筑"上的事情。不过他这个人性格很傲,闹得陈伯达也不待见他,一脚把他踢出政治圈子去了。这倒好,让老先生清闲地活了个高寿。

当时,"文化大革命"已经度过了最初的混乱。一些学者以为"政治运动"已经过去了,都小心翼翼地闹起了"业务研究"。

郭沫若这个人很有思想,觉得既然这场"文化大革命"是闹文化的事情,学术界何不趁着闹一本中国历史大全之类的书,成功了也是"文化大革命"的成果嘛。

当时,据我所知,这类内容的书籍共有两个版本,一个是范文澜的《中国历史简编》,这是个人做的。再就是郭沫若着手闹的这部。郭先生觉得要用马克思主义的观点去写一本全新的"中国通史"——《中国史稿》,而且这部书一定要经得起后世推敲,要求参与的执笔学者,必须都是共产党员。先生的大体思路是,想以自己那套历史分期为主线去写。主要的观点是,中国的奴隶社会应当在春秋战国时代开始。

当时，尹达在历史所成立了"原始社会"组，专门写"原始社会史"。我在陕西赋闲，被抽调回北京参加这个组的文字编写，主要执笔"母系社会"那一章节。历史所的田昌五，也在我们这一组。当时被下放到工厂、农场的这方面专家，一个个都被召回来了。

我当时还不是党员，但写作组在给上边汇报时说，"石兴邦属于预备党员"。那个时候，共产党的党章取消了"预备党员"这一说，这些书生也不懂，反正意思就是他们把我当做党员发展对象来使用的。这说明我这个人虽然还没入党，政治上还算牢靠，被组织高看了一眼。

其实，在"文化大革命"后期，陕西也闹腾过"写史"这个事情。当时，留在半坡的工宣队负责人，领着我们几个"臭老九"搞了一个"史前研究"，我也参与着写了些文章。而尹达在北京第一所，当时也成立了个"史前组"。为了共同闹好这个事情，由半坡博物馆发起，全国史前研究工作者还出了个刊物，请尹达写了一个序，也就是《发刊词》。他准备在历史所成立一个正式的研究机构——史前研究室。后来由于他病了，所以这个事情就搁浅了。

这些历史过程说明，编写一本系统的"中国史稿"的思想产生，已经是中国历史研究在这个阶段的必然思潮。

郭沫若虽然是搞学术的学者，多少还有点政治家的作为。他想通过历史事实的叙述来说明中国古代历史的发展规律，除吸收国内外研究成果外，在一些重要问题上提出自己的见解，充分利用我国人类学和考古学的最新研究成果，概括地说明我国人类社会的形成过程，指明我国是世界人类最早发展的重要地区之一，有着悠久的历史和文化，并叙述清楚我国原始氏族制度的发展过程。

为了写好这本书，参与的学者首先得搞清楚我国奴隶社会的历史，对我国从原始社会到奴隶社会的转变过程、阶级和国家的起源作探讨。确定一些部落按地域结成的部落联盟，是从氏族机构到国家的过渡形态。夏朝建立奴隶制国家后，商周是奴隶制的发展时期，西周是奴隶制国家强盛、经济高度发展时期。春秋战国是封建制代替奴隶制的大变动时期，奴隶和平民的反抗斗争，推动了奴隶制向封建制的转变。新兴地主阶级利用上层建筑的力量，推动变法，促进了封建生产关系的巩固和发展。

关于我国封建社会历史的重要问题，郭先生的基本观点是：在我国封建社会的整个时期，地主土地私有制是主导形式，同时还存在封建国家土地所有制和个体农民所有制。"租佃制"是地主剥削农民的主要形式，产品地租是地主榨取农民剩余劳动的主要形态。农民的人身地位有各种不同形式，并随时代的变迁而有变化。这个时段，地主阶级曾由进步的阶级逐步变为反动的阶级。郭先生认为要重点探讨我国封建社会各个时期的特点和阶级构成的变化。

郭先生认为，自给自足的自然经济是中国封建社会经济的基本特点。但商品经济也有相当的发展，到明清之际，则出现了资本主义生产关系的萌芽。

中国封建社会初期已初步形成中央集权的封建国家。自秦统一六国后，则发展为统一的多民族的封建专制主义中央集权国家。虽然出现过分裂割据时代，但统一的格局占主要地位，这对中国历史发展有着重大影响。

自战国以后，我国是一个以汉族为主体的多民族国家，各族在长期的生产斗争和阶级斗争中共同缔造了伟大的祖国。各民族之间也有过隔阂、战争，但它们的历史都是我国历史不可分割的一部分，它们之间的友好往来、互相融合是历史关系的主流。

中国封建社会始终存在激烈的统治阶级的内部斗争和各族劳动人民反抗封建剥削和压迫的斗争。这两种斗争对我国历史的发展都产生过不同程度的影响。农民和其他劳动人民的斗争对推动封建社会历史的发展，起着积极的进步作用。封建社会政治对历史发展的影响很大。

在动笔之前，写作组对我们执笔人还办了学习班，统一了思想，要求本书必须"突出阶级斗争"，用较多的篇幅叙述政治制度、政治斗争和统治者的活动，对其中一些重要问题要彰显郭先生自己的那一套见解。在叙述各时期思想文化时，注意说明它们与社会政治经济的关系。《中国史稿》的出版，从一个角度能反映了我国历史学界中国古代史的研究水平。

石兴邦收藏的《中国史稿》

回到北京去下川

"文化大革命"将要结束的那阵子,我去北京给王仲殊和夏所长说了我在陕西的际遇。他们说,既然在那边瞎耽误时间,正好咱们眼下缺人手,那你就回来吧。就这么简单,我二次回到了北京的中科院考古所。

我回去的时候,正好赶上考古界出了一个十分令人关注的大事情。

"文化大革命"期间,尽管运动一个接一个,没人敢明目张胆地搞学问,一些学者还是趁着运动的间隙对有些考古发现做了艰难的研究。当时有人已经提出,以半坡为代表的几个发掘之后,中国旧石器可看的已经很多,遗留也多,保存也完整。按理说,石器新旧交替过渡时期的东西在华夏辽阔地域应当也很多。不过,像一些沙漠地区的石片,尽管数量不少,但是大都无法认定。

这个时候,山西下川河谷出现细石器地层,初步可以认定是有别于以前发现的东西。当时的考古界都很高兴,总算是找到过渡时期的东西了。事后证明,当初的这些推断都基本准确,是很重要的发现。

那时候,常驻山西的是所长牛兆勋,他本人也是山西人。"文化大革命"中,他由重庆调到北京专门负责考古所的"思想政治工作"。这个人政治理论方面很强,"文化大革命"期间那个大气候很讲究"突出政治",对机关人员的政治学习很重视,就需要有人来辅导授课。牛兆勋同时也是个很能干实事的人。他一到山西,就和当地联合做起了"下川"这个地方的发掘。

按照以前的积累,我国旧石器时代和新石器时代的东西都很多,但是缺少石片时代(中、细石器时代)的东西。所以说下川这个发现一经证实,那是个不得了的事情,各方面都很重视。首先是山西,其次就是北京的中科院考古所。

当时,我刚到北京报到,山西省沁水县下川旧石器文化遗址也正好开始发掘,所里急需人手。我在北京也没有停歇,立即进入工地,参加一线发掘工作。这次仓促报到后又立即出野外,所里也没赋予我职务,只是做一般业务工作。

下川工地在海拔两千米左右的高地上,为一个高海拔的小平原,周围地势很平坦。

到了工地,那边的人以前都很熟悉,加之能参加这么重要的发掘工作,起码我感觉心情好。接着,当地在各县找了些青年,组成训练班,让我给他们作些相关的工作培训。这类大的发掘前开班讲课的方式,事实证明效果都相当好。首先,具体发掘有具体的要求,再一个就是针对性很强,也相当实用。那些人,经过培训,接着是两年时间的实践,而且他们都是肯钻研的年轻人,后来有的就成了行家里手,一直从事了考古这项工作。

下川工地一共做了三年。每年"五一"上山,"十一"下山,基本就是趁着天气比较暖和的时期搞发掘。这里文化堆积很丰富,两米厚的土层中,均有石片,大概距今二至三万年左右。唯一的缺点,就是工地距县城太远,周边荒无人烟,最近的地方只有一个国营大林场。

下川训练班实习现场

晋东南的大山，穷山恶水，发掘地那块根本没有住多少人家。在这样的地域环境工作，我们的日常生活别说讲究了，就是菜都没地方买。何况，因地域物产的原因，山西在粮食供应方面也很有"地方特色"。不说别的，当地职工每月的口粮搭配粗粮几乎占四分之三还多。小米在山西也算是"细粮"，吃小米干饭还算好饭，是职工过年才吃的饭。我们都开玩笑说，山西这个地方的小米很好，中国的小米可能就是在这里繁殖起来的。伊朗是小麦的发源地，我们要是在伊朗那地方发掘就好了，天天有麦面吃那会多么幸福。

考古发掘工作太累人了。每日得上山下山，整天风里雨里地在野外工作，是个费脑力加体力的重活儿。有些局外的干部那时候都讥笑我们"远看像个烧窑的，近看像些挖壕的"。生活中没油、没肉、没菜还不要紧，天天吃高粱土豆，那么大的劳动量，人的肠胃确实受不了。不过，他们当地小伙子还觉得这种伙食比他们家里好得多，吃得很香，也很乐观。像我们这些吃惯了麦面馒头和面条的关中人，根本就忍受不了这种生活，那些习惯吃大米的南方人就更受不了了。

最后，经过交涉，当地粮站给考古队"优待"了很多，供应的面粉尽管不怎么白，份额搭配标准起码是多了些麦面。

我们的宿舍，睡的是自己用木板支的床，木板是借老乡的，有薄有厚，根本支不平。加上被盖褥很薄，咋样躺着都不舒服。办公画图用的桌子，都是老百姓家里很粗糙的榆木桌子，上边全是小槽，画图铅笔的笔尖常常被折断，闹得人很憋气。坐的凳子腿也不稳，晚上写资料点的还是煤油灯，熏得人第二天鼻孔都是黑的。

记得有一年过"建军节"，组里想为大家改善一次生活，派车到长治买肉。回来的路上，到了沁水县城却下起了大雨，汽车上不了山。天气很热，肉就有些变味，炊事员只能在县城找地方把肉煮熟撒着盐存放，又等了几天，送到了发掘工地，用那肉蒸出的包子连林场的狗都不吃……面对艰苦环境，很多人就有怨言。没办法，作为一个"老野外"，我能理解这一切，就先去拿了两个包子，大家才不作声都领了饭。

说到野外考古工作的苦楚，那真是一言难尽。自己受苦不算，还得害累家庭。那个时候，我的三个儿子都在上学，爱人在中学做教师，我这一离开，七八岁的孩子不但没大人管，就么点孩子，还都替妈妈操心，不但自己得学会洗衣服，还得学着生煤炉子做饭。

第一年，我们在山西下川做了一个初步的考察，在"富裕河圪梁"发掘的地方比较大，目的是为了训练人员。主要活动点有许王坪、下川盆地，重点是在下川盆地。那是一块大概有五六十亩大小的小盆地，文化堆积有五六米厚。当时，我们北京的中国社科院考古所来了五六个人，山西大约有十五六个人左右，另外各地市也派来了一些干部。从这个时期开始，我已经负责发掘方面的具体事情了。

第二年，这里开了四个工地。北京的中国社科院考古所做主要工作，山西做辅助工作。

我主要负责田野工作的筹划和解决一些技术问题，但那时我还没有明确职务。我也不考虑那些，一有空就到工地上自主地干自己爱干的活路。除了下川盆地，还有许王坪（隋王坪），堆积都很厚，这些点我都亲自跑去过。尤其是隋王坪，看起来像是平原。在三思崖也开了一个工地，距离我们居住的地方有好几里路，我们就住在当地公社。那里深沟中有些洞穴，我们"额外"地去调查和发掘了几个，有文化堆积，但是没发现人骨。

第三年，三思崖的发掘才全面展开。首先看里面有没有人骨、有没有壁画等。一共发掘了两个崖，里面有文化遗物，但是没有古

夏鼐来信指导下川发掘

代壁画。在三思崖的一个坑中，发现了几片仰韶陶片，由于不是很典型，后来没有对这些陶片追根问底。由于工作量太大，后面还有山，山上还有一些洞，都没有做细致的调查。我自己猜想，这些洞穴可能都有原始人居住的痕迹。

第四年，我们还去看了一下。发现的东西很多，堆积厚一米到一米五，出了大量的碎石片。奇怪的是，那地方土的堆积为灰色。我们最初以为这些是原始人烧过的灰，后来才搞清这是当地的一种自然土。

当时，那里一共是六个工地。我们顺着山梁子上去，一路发现的东西很多。那一片地域，是三县共有的地方比较险要，抗日战争时期，日本人曾经在那里建立了一个小型飞机场。那座山上就和大草原一样，四边都很陡峭，是晋东南的一个军事要地。

这次发掘的东西，都送到了北京，在北京整理，编成稿，费了很多事情。这三年花费很大，培养了很多人才。

虽然圈外人多对下川遗址、白家村遗址不熟悉，但我一直认为，它们和半坡一样，学术价值很高。从这个层面上讲，半坡、下川和白家村遗址的发掘结果，都是中国考古史上非常有影响的大手笔，为中国彩陶的起源研究和种粟农业的起源提供了坚实的论据。

带着学生上三峡

一九七八年,全国招研已经恢复正常了。老先生们也各自找学生,我们几个年轻点的也四处找,我也就是那时候开始带学生的。我当时带的是王仁湘和吴耀利。王仁湘是长江流域的人。后来,我还把一个研究生给了佟柱臣。招考的时候,报我的人还是比较多的。当时的考古的导师有我、佟柱臣、安志敏等。

一九七九年,长江流域的三峡工程又一次大开工了。那时,我还在山西侯马做周墓。那个地方要建立军工厂子,据说是个制造炮弹的工厂。牛所长和文物局的领导(物理学家)、秘书谢元璐和我们一起去的。当时侯马发掘的时候,考古所是我和牛所长,文物局是谢元璐和一个李姓所长去的。这次上三峡,依然是我们四个人代表文物局和考古所去配合长江三峡工程。

我们去了,住的那片大山根本没名字。只知道以前为了苏联专家一百多人居住,国家在那座大山里修建了一排大楼。后来才知道,我们居住的那地方,工作人员已经有万把人左右。

我们当时住的地方,是原来毛主席、林彪住过的楼房。

到了那儿,才开始协调开会。由文物局局长、秘书谢元璐、丁主任(管理行政工作,"长江三峡工程办公室"主任)等人商量后,成立了三峡考古队。那时候,一般是哪个机关大,就将它挂在哪个名下。所以,三峡考古队就挂到了"长江三峡"的名下,名字比较特殊。我们的队就类似于长江三峡工程中多出了配合工程的考古队，独立承担责任和经费。

那个时候，我在北京的中国社科院考古所已经担任所务秘书，实际上是所长助理，下面有两个助理秘书，一个是王世民（编撰整理夏鼐日记的作者），一个是陈淮，华东游击队里面的干部，这人组织能力强。当时，长江流域总共设立十个考古队，名称叫"长江流域考古规划队"，简称"考古队"。总队长是牛兆勋所长，副总队长是丁主任和李所长。我们那个队是"直属队"，队长是我，副队长一个是张云鹏，一个是陈淮。陈淮后来就转到"长江三峡工程办公室"，就待在那里了。实际上，我们那个直属队就是辅导队。

第一次到那边后，我们举办了第一届考古班，在襄樊地区，由陈淮负责。第二次，三峡水库工程起来后，规模大了，需要的人手很多，只能靠实地培训补充。

我当时主要的工作一是带研究生，二是负责峡江流域实地发掘。在这段时期，我们和世界的考古交流也多了起来，我还得经常参加一些国际国内会议，有时还得出国考察交流。也就在这段时间，我去过好几个国家，还参加了浙江河姆渡文化和良渚文化的相关会议，和台湾学者讨论交流。这一段时期，我在学术上收获很大，同时也耗费了个人很大精力。

我虽然大部分时间在三峡工地工作，还得抽出一段时间回北京处理一些报告资料。陈淮一个人在工地的那段时间，他提出举办长江流域第二期考古训练班。当时，他已经组织了一百八十人左右。他有这个想法的时候，我人在陕西，也积极帮助他组织教学的师资队伍。开班后，我专程由西安出发，带了几名陕西同志去做辅导员，有魏京武、郭长江等。陈淮这时已经是"长办"的工作人员，但是

长江流域第二期文物考古工作人员训练班合影

他仍主要负责考古训练班的事情。他当时和我联系，决定在武汉市区开班讲课，在长江边实习。这次训练班面很广，这些受过训练的学员分散下去，对全国各个地区的考古工作开展都很有帮助。

担纲发掘兵马俑

临潼县杨西村为找水源浇地,一群生产队社员在村南打机井,没想到却挖出了"瓦人头",那是一九七四年三月九日的事情。

随后,新华社在内参上发表《秦始皇陵出土一批秦代武士陶俑》的文章。国务院于六月三十日批示,要求"迅速采取措施,妥善保护"到了一九七六年四月二十三日,在一号坑的东北方又发现了二号坑。同年,在二号坑以西一百二十米处还发现了三号坑。

那时候,我刚刚离开了陕西。

当时,全国大"形势"是正在搞"评法批儒"。有人要为秦始皇这个"法家"人物树碑立传,苦于一直在文化思想和艺术领域找不到这个"大法家"的"贡献"。秦陵周围一下子发现了兵马坑,也许能找点有用的东西为政治服务,那些很热心搞运动的人自然十分重视这个事情。按照他们的初步估算,原计划在"两周内"完全可以完成这个"简单"的兵马坑发掘任务。结果,这次发掘从第一铲算起,"秦陵陪葬坑"这个作业持续发掘了三十多个年头,今天依然还没有完成。

当时,陕西省"革命委员会"管辖的文物管理委员会自己组织了个"秦俑考古队"。尽管当时有几个专业干部,但主要人员是"亦工亦农"的学员,还有二百多名解放军官兵,携带九台工兵用的翻斗车支援发掘。

陕西地方官员当时为迎接新中国成立三十周年，想尽快建成一个秦俑博物馆为国庆"献礼"。所以，他们督促当时那支考古队加快发掘进度，越快越好。在政治高压下，加之摊场铺排得太大，有些一般规程都顾忌不到。不说其他，他们把俑头先刨上来摆在那儿，或者放到库房里。当时那些不懂考古发掘的媒体都能看出问题，形容他们那一套做法为"刨土豆式的发掘"，可见有多么得混乱。

　　至于出土后的修复工作，那简直更是胡整得厉害。用一些现场人员事后的话讲，就是"凉水浇，热水烫"，总之，把那些土麻古董的"瓦儿爷"洗干净、粘起来，就是他们最大的任务。

　　他们这些做派，都是我后来代表国家文物局返回陕西对一号坑重新展开回填、再发掘时才知道的。至于技术层面，划探方的坐标点究竟在哪儿，他们都说不清楚。他们整理考古报告时，为确定文物的位置，可见的坐标量法竟有六七种之多，如"北墙下*厘米""南墙下*厘米"。谁能明白这指的是"隔墙"，还是"探方"之边？即使你认定了这个"墙"，但量出来的是一条"线"还是一个"点"？另外，记录中还有"在第*过洞中由北向南数*厘米""由南向北数*厘米"、"由东向西数*厘米""在由北向南第*号陶俑*厘米"……等等十分含混的字眼。

　　这个事情上边咋知道的呢？这还得提到夏鼐先生。

　　一九七九年四月份，夏鼐带领国家考古所的人来陕西检查工作，专门听取秦俑坑的工作汇报，并亲自到发掘现场参观。一进工地，他看见翻斗车进进出出的大场面，他和专家们都吓傻了，接着越看越觉得不像话，就引发了十七位专家联名上书华国锋主席、国务院、全国人大"告状"的事件，他们强烈要求立即停止这种挖掘。夏先生认为，假如用这样的方法全部挖开兵马俑一号坑，那将是秦陵发掘史上灾难性的大破坏！

　　以当时那种发掘态度和技术，挖肯定是都得挖出来，出土后，一些相应的文物资料无法整理不说，一堆瓦块是不是能对整起来都是个问题！

　　就这样，一号坑发掘被国家下令停止，只留了东部五个探方可以进行发掘清理。但是，国家明令不准陕西地方"秦俑考古队"自主发掘，必须等上边来人指导。

　　也就是这个时候，中国社科院指派我代表国家文物局专门来陕西指导填埋、清理和后续发掘的工作。

　　一到陕西，我就扑着身子进了秦俑发掘地坑。经历了大半年时间，我指导并组织挖掘队先搞了些填埋。大的填埋，我来之前王学理他们已经开始做了前期准备。我到了之后，还是把那些铺排太大，一时人力物力达不到的土方再仔细回填了一遍，这才继续完成指定发掘的那五个探方。

　　这次，我们并没有采用大型机械，用了八个月时间，但工作量就抵过"秦俑考古队"过去四年半工作量的总和，而且质量完全按照规范做，没有一丝马虎。我们的发掘面积达两千平方米，特别是为秦俑建馆展览考虑，取掉了位于一号坑正前方妨碍观瞻的大土台子。计出土陶俑七百零四尊、战车遗迹十一处、陶车马四十四匹、战鼓遗迹三处、铜铎三件、长兵器十三件、青铜残剑四把、弩迹二十四处、束箭遗迹四十九处、器柄十二根，还有多个手工工具等文物。

　　也正是在这个时段，我们把秦"车兵"和"步兵"这个不同兵种协同作战、兵器配备原则、金鼓兼有的指挥系统等军事学术问题，一下子很清晰地呈现在了世人面前。特别是"双车编组"这个"有

-185-

前有后"的关系,更是增进了人们的新认识。我现在还记得,当时有些俑人出土时,那都是有着很鲜亮的颜色的啊,可惜一见风,都掉色了!

按照我的推断,这些兵俑以前上边都盖着方木棚子,遭遇人为的火烧之后,这些俑人原来身上那些矿物颜料遇见高温,当时已经有些变质变色,加之长期的泥土黏结,已经无法保存。局部没变的,遇见氧气也很快就会氧化。现在看来,在科技手段已经进步的今天,这些即使经过火燎的兵俑都是可以保色的。如果一号坑历史上未经那个火焚的话,用上现在的保护手段,我们今天看到一号坑的那些兵俑,肯定有一些是彩色的,而不是现在这样的黑灰色。至少,有些兵俑身上局部的那点彩色保留着,也是个很漂亮的对比色。

出土的那些兵器我也仔细看了,那玩意儿铸造时都经过铬化处理,经精心除锈后,依然锋利无比。除了戟外,弓弩、青铜剑等兵器数不胜数,那些个铜镞,居然为三棱流线型,飞出去肯定稳定性极好,而且那个材质含锡较多,质量大,硬度很强,飞的距离也远,完全可以击穿当时那些盔甲简易的诸国兵勇!

在一号坑内,出土的兵俑全部全副武装,奇怪的是还有"绿脸俑"。与其他陶俑呈粉色或肉色的脸孔不同,该俑脸呈淡绿色。有人说这可能是工匠们的"恶作剧"。

我觉得这不会是戏作。是不是秦时的"虎狼之师"出阵交手涂鬼怪面具威吓对方用的?或者是为了在乱阵中怕被自己人误伤专门闹的"队列辨认标志"?

也有人说,这些俑应为军中傩人,当时军中应有傩礼。傩舞在夏、商、周代纳入礼制,并出现"国傩""天子傩""大傩"等不同规模级别的傩祭。傩礼应当与军事有关,而秦俑坑是秦军阵的现实模拟。

自周代开始,"傩礼"成为五礼之一,成为军礼的一个项目。傩礼的主要任务有定期驱傩和为死去的帝王将相送葬。周代傩礼的主角方相氏,由掌管军政军赋的大臣夏官大司马领导,周代傩礼的礼意是"军人战胜鬼疫"。此说听起来更合理。这些问题,应当是历史学者们翔实探讨的,我这个实地发掘的考古工作者也给大家一时说不清楚其中的奥秘。

当时,我们一边搞挖掘,一边还得接待参观者,就这样,陕西地方官员还是在不断地催。那种气候,谁也没办法。已经都糟践得不成样子了,还是催着要我们按时"献礼"。

一直闹到十月一日秦俑馆正式开放,一号坑才勉强可以接待游人参观。

有关秦俑建馆还有个小插曲,有必要提说一下。国家文物局长王冶秋,在承德度假游泳时碰见了聂荣臻元帅。聂帅听到陕西挖掘兵马俑的事情,提出如果建馆,还是让军队管理着建个"中国军事博物馆"为好。王局长见了我,提到元帅的想法。好像北京当时一些人已经认可这个"命名"了,我是属于坚决反对这个命名的不多的"不和谐音"者。

我认为,秦陵的兵马坑,表面上展示了古代"军事"上的东西,但是,它包含的深邃内涵更应当是华夏"文化"上的恢弘内容。照他们那么说,秦陵将来发掘了建馆,都应当建个"中央革命"纪念馆。秦始皇当时被认做是很"革命"的,而且是"中央集权"的鼻祖嘛!

我多次给王冶秋反映这件事情,最后闹得事情放不下,他也站到我们这一边来了。最后,还是没按他们的想法办,没能采用那个"军事"馆的古怪名字。

"白家村"那锅煮不熟的饺子

当时,我们在下川搞的那个发掘,主要是解决我国原始社会的农业起源问题的,也就是"粟"这个作物究竟起源于何时何地的问题。虽然取得了很大成果,但是根据这个文化的特点,能看出和新石器文化有一些联系,但中间还不是很直接的那种联系,肯定有一段不小的"时间距离"。

夏鼐先生在谈到这个问题的时候,认为从当时发掘的仰韶文化发现的东西看,渭河流域能寻找到前仰韶的东西可能性极大。为啥这么说?渭河流域雨水好,土地肥沃,有"泾渭洛"三河交织着,适宜人居,农业发展的时间较早。寻找农业起源遗迹,虽然要注意洞穴遗迹,但也要看实际情况。关中渭河平原和南方比较,属于半干旱地区,有些民居遗址的陶器中肯定也能很好保存一些实物。

发掘史前民居的重要性就在这里。

夏鼐先生这个意见得到肯定后,我们在下川的这一拨人,就全部开到陕西来了。

那是一九八一年秋天,所里成立了"陕西第六分队",我担任队长。成员有张子明、吴加安,还有陕西当时的半坡馆长张瑞岭。

开始,我们先对关中已经发现的前仰韶遗址和那些出土陶器、人骨等做了一次大的复查。重点在渭南的白庙、北刘,临潼白家村,宝鸡北首岭,长安上芦村,华县老官台、元君庙那些遗址转了转。

还勘察了黄龙、韩城的洞窟遗址，大荔猿人出土地的文化堆积等。

经过对比，我发觉只有临潼这个"白家村"比较典型。主要是这里保存比较好，堆积丰富，文化性质单纯，对达成我们的学术追求目的较为理想。于是，我就向所里报告了这种想法，最后社科院决定在这个地方做一次正规的大发掘。

白家村遗址，在五十年代那个时候为了建三门峡黄河水库时就发现了，当时并没有弄清它的文化性质。七十年代初，西安半坡博物馆考古组在普查中做了一次试掘，初步确定为"老官台文化"遗存。

我带队回到陕西开始做"白家村"时，当地政府一听我们要插手搞这个遗址，根本不愿意让我们去做他们已经探测过的东西。但是，凭着他们的综合实力，当时还真是搞不了。我给他们解释说，陕西文物发掘点这么多，你们搞那些看得见的"好东西"尚且还忙不过来，让我们做这个"受苦累不讨好"的事情何乐不为？我们"国家队"钱多，爱搞这些"劳而无功"的事情……经过我和他们之间死磨硬缠，总算把这个项目从陕西地方"要"到手了。

那个时候，我为什么对白家村这么感兴趣？因为中国发现"半坡"之后，又有"下川"的发掘衔接，在"白家村"能不能找到石器时代的"过渡"迹象，一直是我心里很急迫想知道答案的问题。

记得我们正式对"白家村"发掘是在一九八二年十月，直到一九八四年五月停止。整个发掘分三个阶段，三个区。第一、第二阶段我一直在现场带队，亲自把三个区全部做出来了。吴加安、王仁湘一直参与到底。第二阶段是八三年四月到十二月，春季有吴耀利参加，还有西北大学历史系考古专业的十名实习的大学生，这些学生是戴彤心、段浩然两个老师带来的。秋天，南京大学历史系考古专业八〇级十三名大学生，由秦浩老师带着也参与了实习挖掘。

第三阶段，是八四年四月到五月对Ⅰ区做的那次补充发掘，吴加安和王仁湘去的。

白家村这个遗址，并不像兵马俑那么在行外人眼里觉得"有看头"，直到今天，许多人都不知道这个"白家村"在哪个省份的哪个具体地方。其实，在考古层面上讲，这类发现和发掘证实的历史却是十分重要的，是人类历史环环相扣的链接中，很重要的一个环节。

白家村发掘地址虽属于陕西的临潼县（当时的渭南专区的一个县），但是其实距离渭南城区很近。坐落在原来那个叫做"油槐公社"境内、渭河北岸的一级阶地上，靠近的村庄以前叫锦石。东边村子叫白家，西头是南傅，两个村当时是一个生产大队。

这个村庄距离渭河很近，灌溉条件较好。不过，历年河道变迁，古遗址大部分已经被冲刷，还有的被现代村庄覆盖着。遗址南部已经裸露地面，北边只有一尺多点的覆盖土层，所以呢，人为损坏很多。

当时，三个区共发掘了七百多不到八百平方米，发现灰坑四十九个，房屋居址两个，墓葬三十九处，兽葬坑一个。器物有三百多件，无法复原的陶片五万多片。另有打制石器和磨制石器九十二件，骨器四十九件，以及大量的动物骨骼。

从发掘的两个层面出土的器物比较，这个遗址本身还分了早、晚两个发展时期。从墓葬看，男男同坑，女女共穴，而且姿势不同，有叠加，甚至骨骼上有些不明原因的洞孔！从出土陶器来看，工艺粗糙，明显比半坡的要早一个时期。工具也简陋得多，特别是骨器，其精美程度，根本就不能和半坡出土的比较。这就说明，半坡文化是白家村文化的延续。

有意思的是，我们在白家村发现，在这个时候我们的祖先已经养家畜了，而且"猪多、牛少、没有羊"。这一块不大的地方，就

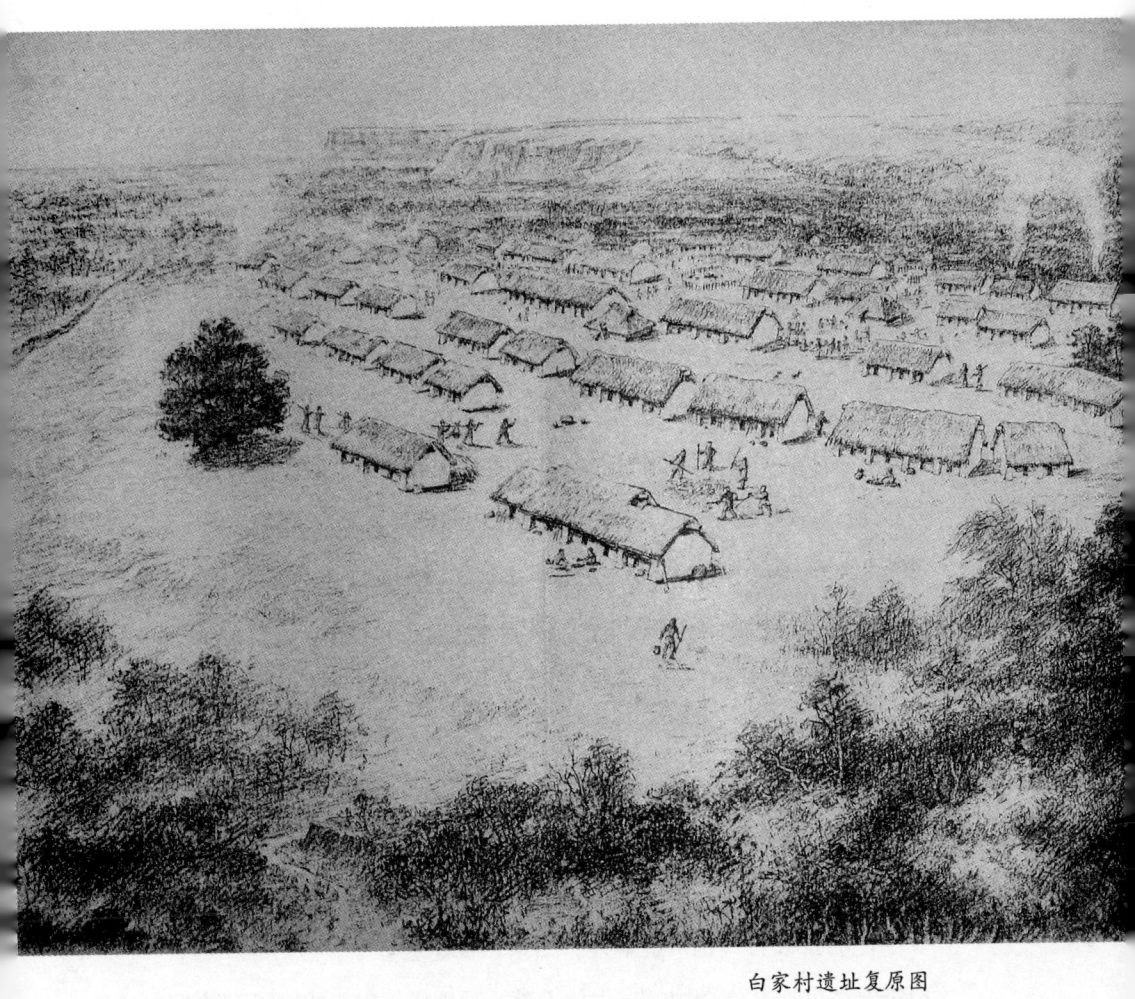

白家村遗址复原图

发掘出三百多块猪的下颚骨。除过猪，数目多点的就是水牛的骨骼了。中国水牛啥时候开始成为家畜这个命题目前还没定论，但"白家村"部落民已经养有家畜"水牛"已是事实。还有，在遗址发掘出一种类似狼的犬科动物骨骼。这么说，那时候的白家村人已经开始养狗了。如果是狼的话，也不可能在村庄的遗址里出现的。如果是猎获的狼，被食用的过程中，骨骼也不会完整地堆放在一起。还有鸡的骨骼，已经和其他遗址的家鸡十分相像。

值得一提的是，白家村出土的野生动物骨骼中有大量的黄羊骨骼。这种野生羊肯定是狩猎获得的猎物遗留。因为经过驯化的家羊的角不同，我放过羊，很仔细地分辨过那些出土骨骼的角，角心相当直，短粗。这种羊叫瞪羚，或蒙古原羚。一定是夏季迁徙来到水草丰美的关中平原，被当时的白家村人猎获了的。

通过发掘研究，我们发现白家村文化和仰韶文化之间还有缺环。按照我的想法，"原人"是从采集植物籽种开始走向种植，就应当从华北那些高山洞穴处找。但是，白家村已经粗线条地把"白家村"和"半坡"大致连在一起了。

那个时候，已经粉碎了"四人帮"，我们考古队的生活还是很清苦的。想吃点肉，还得在国营店里找熟人。记得有一次，王仁湘在西安回工地前发现有个农民推着自行车偷偷卖猪肉，就买了一大吊子。拿回来后，大家一看有肉，赶紧放下手中的事情一起帮忙包饺子，准备会餐一顿，解解馋。结果，饺子包好了，煮好了一尝，肉馅怎么也咬不动。没办法，大伙七嘴八舌地说纯肉馅的饺子不好煮，肯定火小没能煮熟，说着，已经打在碗里的又倒在锅里架火再煮！可是，煮了一大阵子，眼见饺子皮儿都煮成面片汤了，那饺子馅捞上来还是咬不动。最后，大伙舍不得倒掉，那好赖也是肉嘛，高高兴兴地吃了一顿"肉丸胡辣汤"。

为啥那锅饺子一直煮不熟呢？最后当地农民偷偷告诉我们说，农贸市场那时刚刚放开，村里社员的口粮也刚刚够"吃饱饭"，根本没有粮食做饲料搞规模养殖。可是呢，城市的人那阵子有钱了，需要的肉食量很大，有些人就专门买了在当地不好卖钱的老母猪杀了肉，用自行车驮到省城哄骗贪便宜的城里人。养过多年的母猪不再下崽，又不能当肉猪卖给国家的收购站，在当地基本是个废物。那些猪贩子三毛钱一斤就能从农民手里收购到这样的"毛猪"。

现在，只要有人问起发掘白家村遗址的事，我立马就想起了那顿煮不熟的饺子。

那时候，公路很糟糕，更不用说通往乡村的路了。至于去乡镇，根本没有公交车。有时下点雨雪，就是人步行也被黄土路上的烂泥闹得寸步难行，更不用说走汽车了。别说没汽车，有也开不过去。我们从西安去工地，得先坐火车到渭南火车站。有时找不到车，也搭不上顺道的农用车，几十里路都是靠步行去的。那时候，我这个国家考古所的专家已经是五十开外的人了，出门也是靠"十一号汽车"（两条腿）。不过，我这个人身体好，那几年时间，靠的就是一双好腿脚。

二返长安

当时，陕西有个副省长叫孙达人，他很想在陕西的考古上做一番大事业。这个人任副省长前是个教授，在陕西时间长，了解陕西的历史地理，他想将陕西的考古首先做起来，带动旅游事业发展。

当时陕西的考古机构的情况比较复杂，有文物局、社会科学院，社会科学院还有自己独立的体系。有时候，考古研究所和文物局的上层之间有些工作联系，但有些业务却没有联系。文物局主要负责的是地方上的文物保管工作，所以配备的人力、设备等都不行。

孙达人这个人很有思想，在六七十年代的时候出尽了风头。当时，有些理论讲，封建社会历史的统治阶级对被统治阶级有时是有些让步的。但是，孙达人写了篇文章，批驳这个论点。他认为，在古代，统治阶级和被统治者绝对是你死我活的"对立阶级"，不可能在某些方面做出让步。这篇文章被毛主席看到了，毛主席很是赞赏这个观点。于是，孙达人就成为当时历史学术界年轻有为的一个知名人物。

这个人是山东大学毕业的，在历史所做研究生，导师是张政烺。孙达人后来在北大教书，他在北京的时候，我们俩就熟识。后来，他调到陕西师范大学当教授，无论讲课还是做文章，都很有一把刷子，在学校威信也很高。他和夫人到西安工作后不久，我也调回陕西考古所，两人又聚在一起。

改革开放初期，全社会开始注重知识分子的使用，各级干部的配备都得有一些知识分子"名额"。陕西省在学者中选"省级后备干部"，主要是在当时的师大、西大等几个单位的教授里边选，组织部就将孙达人闹成苗子，后来担任了副省长。

他是学历史的，一上任就想将陕西考古队重新组建起来，立即来信鼓捣着我回陕西老家来工作。当时，陕西考古为社科院一家、文物局下的文管会一家，各地方也有各自的组织。他把我叫回来的目的，就是考虑将这些单位统一起来，看怎么样能更好地发挥职能，把考古和文物保护做得更好一些。

年纪大了，我也想回老家了。人家一个副省长亲自劝说，那个大面子也拨不开。再说，陕西这边要做的东西很多，对我诱惑也很大。这个时候，我也没推脱，把家也一起搬回来了。当时，我的老伴已经退休了。

这次回来，我直接担任了陕西省考古研究所所长。在省上的支持下，先将各地区（市）考古队（文物清理队）的隶属理清，统一由省考古所管理业务，编制归地方，如建立宝鸡考古队、榆林考古队等等。工作是省上研究所统一分配，开始做得还是不错的。

不久，孙达人因为一些人事上的原因，心里不顺，向组织提出申请，决意要回他们老家浙江去。那边的人也加紧拉拢这个大学者过去，我和张勃兴书记去劝说了他半天，他还是决意要回去。不久，这个人离开了陕西。

孙达人走后，我立即感到有些事情已经不像起初那么好做。不过，这时候，我和省上的领导也都很熟悉了，就试探着和他们商量，要将陕西考古做好，先得名正言顺成立个考古研究院。

陕西的考古有文物支撑、有世界著名的遗址、也有地位和相应的科研成就，就必须有一个高规格、有独立权威的规范机构，才能做好文物发掘和保护工作。陕西是九朝古都，是全国一个地理中心，文物蕴藏是全国之冠。做文物旅游固然好，但更好地保护才能有效地"利用"。当时我就想，做一次发掘，就得给子孙留一处博物馆。一些可做可不做的，完全可以留给后人来做，不能再为发掘而搞发掘。

当时，做成立考古研究院的事情时，西大化学系的教授姜信真担任副省长，我们这个观点一致，他当时很赞成这个事情，认为陕西没有地市级的考古单位已经不行了，这不是享受待遇的问题，是形势逼迫。姜信真是负责管理文物方面工作的副省长，他自己有时连文物局都指挥不动，深感陕西作为文物大省政出多门这一点很误事儿。

后来，关于建院这件事情，省上批是批了，却没有公布。后来不知怎么又和西大联合将考古研究院建到西大，这个我就不清楚里边的原因了。再后来，宣布刘云辉当考古研究院院长，我做名誉院长，却一直不明白之间到底发生了什么事情。我猜想，应该是文物局对这件事有些意见。西大的考古研究院和现在的考古研究院是怎么的隶属关系，现在我更不明白了。

一个科研机构级别不够，在国际上和一些机构的合作项目就无法开展。这个问题目前还没有解决，对此我颇为忧心。海外公司和政府机构谈判先看对方的级别是否对等，级别不够，就不予以谈判。有一次，英国的一家单位和北京的中国社科院考古所谈判，考虑到北京的中国社科院考古所的地位可以和他们对等之后，才考虑合作。世界交流，这些限制就很明显。好在陕西的考古发掘和文物保护工作在世界上很有名，大事情都是举全省之力，在一定程度上弥补了管理机构级别不够的不足。但是，从哪个方面去讲，这也不能算是解决问题的根本办法。

从好的方面讲，陕西在文物机构设立工作方面有几个带头，一个是考古研究所脱离社会科学研究院，转到文化局下，后来全国很多省市都像陕西这样做了。但是，实际上没起大作用。陕西要搞好这个事，有些事情就好办了。考古工作发展到今天，已经和以前不一样，对内对外都不一样，要研究这个关系，理顺管理机构。

过去，同级政府单位的级别比科研单位的级别低半格。郭沫若是科学院院长，在行政部门就是副总理级的，比部级高。我第一次到陕西来，是考古研究所的副所长，享受副地市级待遇，算是高干。为啥到了今天，宁肯高配一些干部，也不考虑为工作顺畅高配一个科研机构？我真的想不通这个问题。

秦俑丢了个"将军头"

一九八七年，我已经回到陕西担任考古研究所所长多年。在秦俑坑的二期发掘中，出了一件将军俑头在秦俑馆被盗的惊天大案。

秦俑坑的一期发掘后期，我是作为国家考古研究所的人来指导工作的。后来，在副省长孙达人的斡旋下，把我"挖"回陕西老家，担任陕西省考古所所长。当时，王学理是陕西省考古所研究员，后来担任了副所长。这个人参与过陕西考古所对秦俑一号坑的"一期发掘"的全部过程。那次陕西自己的发掘被叫停后，这个人工作很细心，被继续留在坑内配合我这个国家考古所来的"钦差大臣"做那五个探方的发掘清理工作，直到一号坑建馆结束，我们都在一起工作，算是老熟人了。

当时，秦俑一期发掘结束建馆之后，馆内"一号坑"未发掘完被勒令停止发掘的那些坑，也停止发掘了。后来，陕西省多次要求恢复发掘，但国家文物局一直未批。

当时，孙达人还在陕西当副省长。为了顺利地开展"二次发掘"，在他的主持下，在发掘、保护、文物管理这一系列事情上，最终形成了一个共识：文物发掘归陕西省考古研究所，文物展览陈列归秦俑馆。此后，秦俑一号坑于一九八六年获得国家文物局批准，开始第二次发掘。

陕西省考古所并入省文物局管理之后，不再隶属于社科院。

一九八五年原来的"秦俑考古队"撤销了，考古所重新组建了一支"秦陵考古队"。时隔多年的两个队的名称，只有一个"俑"和"陵"字的不同，让人时常混淆了两支考古队之间的关系，还常常为此闹出一些误会。

秦俑一号坑"二次发掘"，我担任发掘队队长，王学理是副队长。由于我们两人在上次发掘中有经验，配合得很好，二次发掘就让我们继续搭班子。

那时，考古队与秦俑馆在工作流程上已有很大摩擦。白天展览期间，游客进来后，秦俑馆就不让我们运土了，外宾入坑参观前，还得让我们停工打扫卫生。那么乱的现场，干一阵停一阵，真是憋屈死人了。

正是这样的发掘条件，最终发生了那件"将军俑头"失窃的重大案件。

那是一九八七年二月十七日晚上发生的事情。

一个当地村庄里为秦俑发掘工地运土的拖拉机司机，早早就窥探好"秦俑馆"的大窗户可以爬进去人，打主意准备偷个"古董"去卖钱。那晚，正是这个司机伙同四个村民趁着夜深人静，从那个窗户翻进去，撬开考古队的杂品库，在堆满考古工具的库房里，偷走了一个将军俑头。

二月二十八日早晨，一名学员偶然发现西边的仓库门开着，好奇地进去观看了一下。当他发现门锁脱落后，立即向居住在不远处的考古队员报告了。考古队员听后，跑到仓库门前仔细一看，房门被人撬了，里边的东西可能被盗了，他们急忙向驻地派出所民警报了案。

丢失现场是我们考古队的库房。这间"三间通"式的大房子是

将军俑头

我们借用"秦俑馆"做库房的。里边还堆放着"秦俑馆"遗留下的一些废钢筋、汽油桶、木板等杂七杂八的东西。这间摆放杂乱的库房，我们只能当做一般工具房使用，平时，根本不可能存放需要修复的文物。可是，那天早晨，派出所来人后却发现北墙根一块朽木上端端地放置着一个出土的秦俑武士头！

这真是个稀奇古怪的事情。首先，得搞清这个"多"出来的秦俑头是从哪儿来的，又是什么人不辞劳苦地"撬"开库房，把它端端地放在一块木板上。

派出所民警询问了一些人。大多是原来那个"秦俑考古队"和"秦俑馆"的知情者。可是，这些人对这个俑头的来龙去脉都说不清楚。后来，才有人给民警含混地说：以前，整理出土兵俑时，"可能"有一个俑头一直在墙角那个木箱里边放着的，"是不是"后来给"秦俑馆"移交时被人"忘记"了？派出所来的那位指导员在确定木箱里"有一个俑头"的情况下，觉得既然俑头还在那儿放着，其他的那些电线和破铜烂铁被盗也是一般盗窃案，记录了一下就回去了。

这个时候，谁也不知道，小偷撬开墙角木箱，抱出这个俑头，之所以没拿走，是因为嫌它"不精致"，却偷走了个头较大的另外一个"将军"俑头！

那个时候，这伙小偷也傻，他们就没考虑，你把那样的珍贵文物拿回去放到那儿也不成呀！放到自己家里，你敢摆放么？闹到市场上，谁又敢出钱买你这号东西？那么独有的东西，又不是坛坛罐罐，恐怕闹到美国也得被乖乖送回来！

后来，事情真相大白之后，有些报纸说丢失的那个将军俑头价值"四十万元"，我也不知道他们是用什么标准来衡量这件文物价值的。让我说，你说它值多少钱它就值多少钱，可以说是无价之宝。

事情的真相是——半年后，那伙缩贼一看没啥风声，居然胆大包天地把盗来的那个"将军俑头"拿到背巷子找人出手，讲好以一万八千元准备成交时，那个聪明的买主赶紧给公安机关报了案。

这个时候，"秦俑馆"才知道他们那个破箱子里以前还放着一颗"不明来历"的将军俑头。案件虽然就这么不光彩地被破了，俑头也总算被追回来了。那个首犯是个复转军人，后来被枪毙了。

就因为丢失重大文物这件事情，我们考古所的二次发掘工作被人以"发掘不科学"叫停了。省文物局责成我作深刻检查，撤销王学理一切职务，取消他个人发掘领队资格两年。

其实，当时被盗的那个"将军俑头"并不是我们"秦陵发掘队"发掘整理出来的文物，而是先前那个"秦俑发掘队"与"秦俑馆"交接过的物品。究竟当时交接没交接，交接给了谁，最后由谁来造册掌管，谁也说不清。"一期发掘"中途被国家叫停，后来又换人马继续发掘，直到国家批准"二期发掘"，前前后后闹了这么多年，别说我这个新任所长不知道，也不可能知道借用的这间房子墙角里这个闲置的大木箱里放着两颗秦俑头，就是借仓库给我们用的"秦俑馆"，也没人能说清他们顾不上清理的那个破箱子里究竟放置着什么东西。

公允地说，这次失窃责任不该由我们考古所来承担，更不能把板子打在后来我们这支"秦陵"队的屁股上。事实很明显，这不是我们这次发掘程序中的文物，这是"秦俑馆"管理中"多"出来的。再说，我们二期发掘也不可能像前边"一期发掘"前期那么无章可循，出土的兵俑一般不出坑，个别修复也不会违章放进一般工具仓库。

由此可见，秦俑坑"一期发掘"前期，不但没有规范的发掘纪录，也没有出土陶俑登记表。不然，向"秦俑馆"移交时，为什么会形成到处搜索陶俑、补充登记造册点交、最后丢失了还对不上"数目"的问题?"发掘不科学"这帽子,被移花接木地戴在我们后来这支新建考古队的头上真是天大的冤枉!

秦俑一号坑发掘的第一次叫停,正是前边"秦俑考古队"发掘不科学被考古学家夏鼐等人告"御状"拦截的结果。这是历史,考古学者应当最尊重历史,谁也不能在这件铁板上钉钉的事情上再做文章。

在案件发生之前,文物局和秦俑馆对我们"秦陵考古队"的配合、协调关系上识大体、顾大局的做法还称赞有加。但在原先那个"秦俑考古队"来人向秦俑馆移交文物之后两个月,却不料发生了"隐匿"在木箱子里的将军俑头被人盗走的事件,这个真实"情节",陕西文物局一直没有给社会讲明白,一些人也不愿意给大家去讲,搞得我们两家关系后来还十分紧张。

秦俑头失盗这一惊天大案,面对管理责任的追究,就算最后处理了我和王学理,这么轻的"处罚"能叫处理吗?这是背后有人利用上级和社会上不明白两个只差一个字的考古队究竟是啥关系,移花接木糊弄舆论、趁机包庇了一些人。对这次丢失究竟是谁应当担负责任,省文物局当时的主要负责人心里其实明白得很。

当然,省文物局也知道丢失俑头的责任不在我们,但是,再冤枉也要让你背这个黑锅。要不然,怎么去处理以前那些人?王文清曾对我说:"怎么,这号事能处分局里干部吗?算啦,还是叫他(指王学理)把处分背着……"

既然是我捅了这么大的篓子,第二年怎么还要我做第七届全国人大的代表呢,这又说明什么问题?

说句大白话,秦俑是历史存在,绝不是某个人的"发明"。就像秦陵是个存在,你发掘不发掘它都在那儿,谁也不能说自己参加过发掘，他就是"秦陵之父"。

今天，随着旅游事业的开展，我听说临潼当地那些农民，为了谁是"发现秦俑第一人"还对簿公堂打起了官司！听到这样的事情我都想笑。那么多社员集体打井，又不是一个人在井下挖土，然后他再爬上来去绞那个辘轳。何况，在"秦俑"最初出土的时候，开始谁也不知道那一摊瓦块是什么玩意儿，据说开初还曾扔过一部分。而且，即便是被定性为"第一次发现"的那天，这些"瓦儿爷"也不是一天内唯一的发现。如果说"第一发现"，也绝对不能是一个人的眼睛看见的，"功劳"应当归于一群现场目睹者。

这些事情闹得纷纷扬扬说明了个啥？人心不古。有点名利，就打破头去钻，甚至不惜人身攻击，听了都让人觉得可笑。就是在我们搞科学研究的学者内部，也有人名利思想时常作怪。有些问题还可以让人理解，有些作为却令人十分不解。

作为严肃的考古工作者，我们做了点分内的工作，这也和机缘有关。让谁做，也都会兢兢业业对待自己的本职，给民族和子孙负责任地做好手头的工作。一些虚妄的个人名气，和我们研究着的历史比较起来，也太经不起时月了。就像秦陵"绿面俑"脸上那颜色，一转眼就消失得不复存在。

就丢失"将军头"这件事情来说，我们是驻在现场的发掘队，又在自己的工具房发生了珍贵文物失窃事件，再怎么狡辩也有连带责任的。至少，就是我们的一般工具房，也有些出土"资料"需要好好保护。打碎、丢失哪怕一片小瓦块，对文物整体修复的完整性也是很大的损失。

说到这件事情的前因后果，只能说秦始皇太出名了，兵马俑也太吸引世人眼球了。

倒灶的钻探公司

我当所长那阵子，国家改革进程发展很快，社会上到处都在搞企业。于是，我就拨出两千元启动资金，支持成立了个钻探公司。有所里的资质和管理，成立的这个钻探公司就有权利进行文物的勘探工作和发掘工作。

第一年，这个钻探队就给所里上缴了六千元利润，效益还是不错的。

后来，钻探公司业务拓展很快，北京、大连都有人来联系业务了。我看像当时那个势头，不出几年，这个公司就会有大的发展。于是，我就以"钻探公司"的名义买了一块地，并在考古所的账面上一次划交了八十万元地款，准备将这个钻探公司彻底安置在考古所名下。

但是，文物局当时就是不给我们盖这个章。有些人一看钻探公司是块肥肉，就开始打钻探公司的主意。后来，他们不但安排杂七杂八的人进来，闹得整个公司人浮于事、啥人都有，干活和不干活都来领工资的已经有三百四十多人，直到折腾得公司彻底倒闭，公司最终无法运转后，文物局这头将钻探公司堂而皇之取缔，那头立即"没收"了我们出资买的那块地。

当时我们买这八亩地的目的，完全是为了将来钻探队扩大规模，解决一些库房和办公住宿问题。结果，钻探队解散了，这地就无缘无故成了文物局的。现在文物局所有地方，都是当时我们那个钻探公司的地皮。问题是，这个公司在我们手里管理得挺好、能盈利，被抢过去没两年就散伙了，真让人百思不得其解。

这两件事情，让我至今一想起来心里就感觉很不舒服。

我认为，文物钻探队不是啥人都可以开办，文物钻探权就是文物资源的探测权，只有考古发掘单位有权建立和管理，这样有利于国家的地下机密不丢失，绝对不能作为一个行政单位的企业去运营，至于为发掘国家文物雇用私有钻探公司，简直就是违法操作！

眼下，对民族地下历史的认知，有些官员仅仅局限在知道这是"文物"、挖出来的东西"值钱"或"不值钱"、能吸引多少人的眼球这些浅薄的观念上，把挖出多少"古董"作为政绩或者旅游资源去对待，这是对民族文化的极大亵渎。

我想发掘乾陵

我这个人，一辈子都没时间考虑自己的得失，领多少工资也不过问，甚至连自己的年岁都忘了。

回到陕西工作，我年岁已经六十过了。按照国家的退休政策，我那阵子就该打报告退休。可是，我没那么想，只要在工作岗位上，就得谋划一些大事情。即使现在退休多年，我一样在工作，从来没有休息的概念，也绝对不会自己让自己退休。

当时回到陕西，我想，陕西是文物和文化大省，应当率先成立省内考古研究院，然后名正言顺地做一件大事——大规模挖掘乾陵。开初成立钻探队这件事，也是为了这件大事做准备的。开始我是和姜信真商量的，后来他不再分管这个事情了。程安东到任后，听了我的想法，最后批准成立这个钻探公司。

为了陕西成立考古研究院，全国七届人大时，我是陕西的代表，就将这个提案带过去了。

在分组会上，我把这个提案一说，时任代总理的李鹏力主发掘乾陵，北大的那些教授们却极力反对这件事。于是，李鹏就对程安东说，北大反对这件事，你将北大说通就可以通过了。程安东就一个人前往北大，找季羡林、宿白等酝酿此事。那次，我没陪他，省长是一个人去的。

后来，宿白告诉我说：兴邦，你们的头来了。好像你们准备要把考古所取消，在西北大学下成立个考古研究院。

听到这个消息，我很不高兴。西方的考古是放在人类学系的下边，所以很多人都认为将考古研究院放到大学里比较好，但我至今不同意这个观点。"玻璃塔"里再放个"空中楼阁"，考古所完全就变成了"学术单位"了。

姜信真、程安东等最后都同意了我的意见，并且批复了这件事，把我们放到了文物局。

将考古研究所的关系放到文物局，业务还是由我这个所长来负责。如果不放到文物局，有时在业务上会扯皮的。这个事情到了最后，很不如人意。随着人事改变，文物局将这件事就放在那里，也懒得管了。虽有批复，但没人落实。

况且，当时的文物局里面有些人根本就不同意在局里设立考古研究院。原因是考古研究院如果成立，要高一般局半格，他们觉得那样的话，究竟"谁该领导谁"的问题就出来了。

当时省上管理这方面的领导片面地认为，成立考古研究院的过程中，肯定有一系列的相关机构，需要很多的行政人员。我给他们解释，考古研究院和文物局合并起来，不仅不会增加编制，还可以节省编制，因为两个单位都有些相同职能的行政人员。

张廷皓走之前，没有和我们商量，他和西北大学商量过，并将考古研究院放到了西北大学，院长是刘云辉，名誉院长是我。究竟怎么去操作，当时也没有具体说。后来我只好默认现状，给有关的领导同志建议，把考古研究院和西北大学的考古系联合起来一起办理也行，不过那也得好好调研。但是，这件事后来就放在这里了，没有人再提起。

有资质的机构都没建成，我想在今生为国家发掘乾陵的那个念头还是没死。

以前，郭沫若先生曾对周恩来总理说过，"乾陵毫无疑问，肯定有不少字画书籍保存在墓室里。打开乾陵，说不定武则天的《垂拱集》百卷和《金轮集》十卷可重见天日。也说不定武后的画像、上官婉儿等人的手迹都能见到，石破天惊，一定是一件石破天惊的大事！"

其实，还有个小节大家都不曾关注。郭老这个人好书法，他十分肯定地对我说过，乾陵里边的物品，绝对有唐代大家的墨迹，王羲之的《兰亭序》也肯定在里面。

不过，郭老只字未提墓室中那车载斗量的金银珠宝。其实，咱们可以想象，乾陵一开，其间珍宝一定会光耀全世界，不弄个世界"第九奇迹"才怪哩。

其实，对乾陵感兴趣的不只郭老一个人。

自从一九六〇年，几个农民放炮炸石头，一不小心竟炸出了武则天的墓道口，盗墓贼们找了一千多年也没找见，黄巢四十万大军挖了几年也没挖出来的藏宝之窟，就这么无意中便大白天下了。

作为国家级的绝密事件，当时的考古人员在这个墓道口上边手植了一棵华山油松，几十年过去，如今这棵树都长成参天大树了。

在历史上，挖乾陵的事情早已有之。自从梁山有了这座陵，一千多年间就没有断绝过盗墓者的身影。小蟊贼那更是多如牛毛，正史里未记载，野史里也懒得写。有名有姓打乾陵主意的江洋大盗，见诸于史料的就有十七人之多。比较大的盗掘活动，一共有三次。黄巢闹得声势最大，在梁山西侧挖山不止，几年时间挖出了一条深达十二丈的沟，现在被当地人称作"黄巢沟"的人工山口，就是这个人坐镇指挥盗墓挖出来的。当时工程量很大，几乎挖走了半座大山。其实，黄巢不懂阴阳五行，一直在那儿乱挖，恰好挖了个反方向，最后没能得手。

五代耀州刺史温韬，是个有官衔的大盗墓贼。他率领兵丁一股脑掘开了十几座唐陵，发了一笔横财。因为手中有了钱，便驱动数万人在光天化日之下挖掘乾陵。不料，挖掘的时候，不是冬天打雷，就是夏天飘雪，天象经常发生一些怪异的事情，这个温韬受了不少次惊吓，最后才绝了这个念头。

民国时候，国民党将领孙连仲亲自领着自己的人马，也想学学孙殿英炸慈禧和乾隆墓的样子，在梁山上埋锅造饭安下营寨，用军事演习作幌子，炸开了墓道旁的三层岩石，最后也没闹下眉眼。

我觉得现在我们发掘乾陵的各种条件都具备了，时机也成熟了。四十多年来，考古界在对南唐二陵、明定陵、法门寺地宫、秦公大墓的发掘中，已积累了丰富的经验，造就了一支高水平的专业队伍，完全能够胜任对乾陵的发掘工作，出土文物也绝对能得到充分保护。

我回来那个时候，政治气候也很好。我在陕西几十年间，在乾陵上面花的功夫也不少，撰写出了几十万字的《唐乾陵发掘计划》。就连如何发掘，采用密闭系统，阻隔空气流通的有效措施都想到了。到时只允许一两个携带有氧呼吸设备的无菌工作人员进入墓道，用微光摄像器材采回资料，就算发掘成功。至于如何保护，如何展出，见过了实物再制定，也不会对文物有损害。

乾陵具有全国其他帝陵目前都不具备的科学发掘的五个条件：一，知道主墓室的位置；二，数据准确无误；三，一打就开；四，可以证明帝陵正处于损坏之中；五，应当立即进行抢救。

我对我国的发掘技术和文物保护技术充满了信心，眼下基本不存在技术方面的问题。乾陵内储藏着大量的财富，挖掘出来总是有好处的，对于唐代历史文化的研究、促进对外开放发展经济、吸引国外游客这都是有好处的，埋在地下没有任何好处。

另外一个原因是，埋在乾陵内的大批文物正在逐渐变坏。埋在地下的字画、丝绸等古物受地质气候等因素的影响都有逐渐毁坏的可能。我们在发掘陕西扶风法门寺地宫的时候就发现，虽然有部分丝绸完好无损，但也有丝绸部分被毁坏，更有一些丝绸已全部毁坏。如果不及时对它们进行保护性处理，部分毁坏的丝绸或者纸张可能就全部毁掉了。与其让这些东西放在墓坑里烂掉，还不如挖掘出来呢！虽然目前在文物保护上还有些技术问题亟待解决，但按照现在的条件，我们完全可以想办法去保护它们。

在科学发掘乾陵的客观环境已经成熟的情况下，早一天发掘比迟一天发掘要好。通过发掘，可以把对盛唐的研究推向一个高潮，可以提升中华民族在国际上的声望。更可以有力地促进"西部大开发"，繁荣中国的旅游业。

对于陕西来说，乾陵一开，陕西每年最少可增加五百万游客，五百万游客会带来多么大的经济效益？而这五百万游客又会给西部大开发带来多少信息、多少投资？

其实，陕西在当时还准备发掘秦始皇的陵墓。当时，孙达人想向中央打个报告开挖秦陵，开始征求专家意见时，我对他说，秦陵和乾陵不一样，不能轻举妄动。秦陵不但墓葬内部情况不明，就是眼下闹清的一些资料，未知的成分还是太大。唐代墓葬的东西我们已经有很多发掘经验，可以说能做到万无一失。地底下的东西，我们还是给儿孙留一些。我喜欢挖大墓，当然我更尊重科学，有些墓葬还得看敢不敢挖呢。

当时一个在美国的华侨和一个香港大老板放言说，只要挖秦陵，他们每人给陕西出一个亿，而且还找到了孙达人，正式交涉过具体事宜。

　　这件事情最后闹得上了会，结果是，支持的人多，反对的人少。我和武伯纶坚决反对这件事情，闹得省里当时的领导对我这个"挖大墓"一贯态度积极、关键时刻"唱反调"的作为还老不高兴呢。我反对的原因只有一条，文物不可再生，哪怕有一丝毁在我们的盲动上，那就对不起子孙万代了。

打开法门寺地宫之门

一九八七年二月二十八日那天正午，一枚佛指舍利在人间重光的神圣时刻，一个六十四岁的无神论者享受了这份荣光，这个人就是我石兴邦。

佛经记载，释迦牟尼灭度，其遗体火化后凝结成了许多舍利子。公元前三世纪，阿育王统一印度后，为了弘扬佛法，他把佛祖的舍利分成八万四千份分送到世界各国建塔供奉。据说，当时建在中国这个佛教大国的有十九处。然而在此后，在中国历史上几次大规模的灭佛运动中，分布在神州各地的舍利塔几乎被破坏殆尽，佛指舍利不知所终。

据说，能够在有生之年目睹佛祖的真身舍利是无数佛教徒毕生的梦想。

法门寺的十三层八角宝塔是明代万历年间修的，民国年间进行过维修。后来，上个世纪七八十年代社员群众在塔西挖土，半个塔就塌下来了。当地政府害怕塔身继续坍塌，给过路生灵造成危险，于是就决定重修。

一九八七年二月二十八日，我带了一个考古队对塔基和外围做了发掘清理，结果，意外地在塔基正中部位发现了唐懿宗时修建的地井盖，我们就移开这块已成碎片的方形石板，开始寻找地宫的入口。

宫口在罗汉殿北面。宫口北面有一段踏步漫道，沿着台阶下去，是一个方形的平台，脚下有近万枚铜钱在上面散置着。

到了地宫大门，当时大门用巨石封着。把巨石吊开以后，就看见了用铁锁把守的石门。我们请法门寺的住持法师和寺内众僧按照寺规设案诵经祈祷，然后才开启了石门。

地宫实际就是一个缩小了的"皇宫"，有前殿、中殿、后殿。前室的北部有很多遗物，包括汉白玉的阿育王塔，一对石狮子。中室中间是一座汉白玉灵帐，前面还放置了一个铜熏炉。最主要的文物全部集中在后室，有大盒子装小盒子的八重宝函，函顶盖上还有一尊鎏金菩萨像，两边有石雕护法天王。

开始，我们并没有发现最重要的文物佛指舍利。后来，我们在后室地下找到一个坎，挖开以后看到有一个小小的玉石棺材，就在我们小心翼翼地打开那个玉石棺材时，发现里面装着一节长约六厘米的青黄色管状物——这就是让佛教徒视为圣物的佛指舍利！

这个消息，立即震动了世界佛学界！

据当地老百姓说，抗日战争时期，陕西有一个军阀驻扎在法门寺镇，这个人叫朱子桥。现在说来，这个人还是个不错的好人。他当时看到佛塔有点歪了，就想出资替地方修缮一下，也算是做点功德吧。结果，他组织人马挖着挖着一下就挖到了地宫。打开一看，满地花花绿绿的宝贝，他们当时都傻眼了。但是，这个善人觉得这是佛祖的东西，于是，什么都没敢动，就又瞒过周围的人悄悄盖上了。

后来，这个传说很快就在当地老百姓中传开了。不过，当地的老百姓不管是不是佛教徒，日常生活中还是很尊敬神灵的，一直也没人去挖这个地宫。到了"文化大革命"时期，一群红卫兵将法门寺地面文物破坏一空，还要找人来挖掘地宫。当时的方丈良卿，愤怒之下举火自焚。这一举动吓怕了红卫兵，他们没再敢继续破坏，地宫也因此被完好地保存下来。

有关佛舍利发光的传说，有人说得很是玄乎。说在舍利放置的地方照相时会有佛光出现，实际上，那是玻璃柜子的反光，你不放舍利，那个玻璃罩子也反光。

但是，作为人类历史发展的见证物，佛舍利确实应当算是个圣物的。佛舍利去台湾接受僧众朝拜那次，那个景象多感动人！几十

1987年法门寺地宫发掘现场

里长街，跪满了虔诚的信徒……

　　有时，我经常默默地想，这个世界的惊天大事，为什么都让我这个普普通通的人碰见了呢？

讲学游历

出国穿着"中山装"

一九七六年七月我二次回到北京,第三季度去了趟希腊。

希腊这个国家很有意思,办外交跟搞商业似的。国家之间的文化交流,他们居然和我们商量着办。当时那个驻中国的希腊大使是个历史学家,很有学问,对中国很友好。他说,中国和希腊都是古代文明的国家,一个在欧洲,一个在东亚,两个国家在人类历史上都是很有名望的文化古国,要增加两国人民的交往,特别是在加强历史文化的交往上也要做些工作。这次出国访问,还是他主动给我们提出来的,而且,经费由他来筹集。

那时候,"文化大革命"刚刚结束,出国考察机会很少,也令人向往。夏鼐先生以前搞过埃及古代的东西,这次就由他带队。成员有张长寿、我、赵芝荃四个人。去了大约二十多天,基本上走完了希腊全境。

对于希腊这个国家,此前我只是在历史书上看过。对于这个国家那些具体的历史遗址,也局限于纸上谈兵。不过,这些东西我的导师夏鼐都清楚,在国民党统治时期他已经去这个古老的国家访问过多次。

我们出发之前,做了很多课题。按照代表团的旨意,看了些指定的书籍。去了之后,正好当时希腊在考古上有一个很大的事件:他们发现了一个大型墓葬。希腊同行也不保守,带我们去实地参观

1979年在希腊考察考古研究工作（左二为石兴邦，左三为夏鼐）

了发掘现场，想听听中国专家的意见。

他们的发掘方法十分奇特，从墓室上边挖了一个大洞，从上面进入，并不是从墓门进入。他们开挖之前已经确定大墓是亚历山大父亲的墓葬，对于这么知名的人物，其墓冢应当是国家级的文物了，我觉得他们做得有点草率。我们无从知道他们那一套清理过程，看来也没出什么有研究价值的东西。我认为，至少他们这种发掘方式还是不够科学。

这是我个人的第一次出国之旅。

当时，一行几人穿的都是藏青色的毛料中山装。这样的装束，当时在我们国内已经相当阔气了，国服嘛，还是毛料的。其实呢，一行几个人一个式样、一样颜色、一般捯饬的装束，到了国外很扎眼的，让老外一看就知道是中国大陆的人来了。

当时没有摄影机器，只有相机。这次访问我们带回来大量的实景照片，这些照片都被存在北京的中国社科院考古所。

在希腊，接待我们的是一个三十岁左右的女研究员。这个研究员会讲汉语，知道中国的秦始皇陵和西安半坡、临潼的兵马俑。临别，我们为了感谢她的全程陪同，还郑重邀请她来中国参观。

在另外一个国度，当听到人们知道我们陕西、知道半坡的故事，我从来都没那样自豪过。

去埃及

一九八九年那个年头，国家改革开放十年，经济发展很快，西方的那些观念也逐渐渗透到了我们中国人的生活里。这年六月份闹的那次学潮，学生占领了天安门广场，发生了使世界哗然的事件。一些外国媒体当然不会放过这个打压我们的机会，趁机煽风点火，散布了许多不利中国政府的言论，闹得我们在国际上很是被动。

李瑞环七八月份来陕西视察，提出发掘乾陵的设想，接着很快成立了相关的调研机构，并打电话到北京调了两人过来。一个是谢辰生秘书，另一个是张局长。本来是个大好的事情，八字还没见一撇，有些西方媒体却说了些很不负责的话。散布说，发掘乾陵的目的，是试图利用这个大的举动转移国际社会的视线，缓解中国在国际上的政治压力。

另外，李瑞环还提出修葺黄帝陵、黄帝庙的事情，并成立黄帝陵基金会。省政府下设机构，考古所只有我参加，并担任负责层面的工作。基金会共有两个任务，一是修陵，二是清明祭祖。后来，还和台湾联手起来搞。

那时候，先后参加会议的人很多，我一直在那里面。在考古上也做了很多工作。

发掘乾陵，李瑞环特别热衷这个事情，让我们尽量把准备进程搞快些。修黄帝陵这件事情相对好做，一步一步做就是了。当时省委张勃兴书记很热心这个事情。于是，他提出由陕西出面，组织全国有关的学者和主要人事到海外考察一下，主要是吸收一些文明古国如何恢复、保护地面文物建筑和发掘大型帝王墓葬的做法和经验，为黄帝陵修缮和乾陵发掘做一次实地参考。

张书记把筛选出国考察学者名单的任务交给了我。

最后，确定的考察地点一是埃及，二是印度这两个国家。

安排去埃及的人数多，有张廷皓（领队）、我、陈全方、王仁波等几个人。首先参观了金字塔、上埃及、下埃及（靠近地中海）、帝王谷等，基本是沿着尼罗河走的。在埃及，我们看到他们在文物保护方面做得很好。他们的文物处，类似于我国的文物局这样的机构，管理全国文物。而且，他们的文物管理也有立法。

金字塔的管理体系相当完整，有专门的机构，有专门的立法，有专门的警察。作为一个文明古国，埃及的很多文物在几个世纪里也遭遇过人为的掠夺和破坏，散布在世界各地的文物很多。不过，在研究保护过程中，他们大多都有记录。

到了印度，这个国家的文物管理情况有所不同，陵墓是分开管理的，和埃及不完全一样。由于印度河流域土地肥沃，文化积淀深厚，遗留下来的那些砖城，建筑比埃及好得多。有很多都是石头城，很坚固，保存也基本完好，看起来气势很是恢弘。

1989年石兴邦、王仁波在埃及考察

奥林匹克旗上的"o"

我们去德国考察的缘由,主要是二次世界大战结束后,德国作为战败国,有赔偿战胜国的责任。当时的"西德"属于西方阵营,和咱们很少来往,我们去的是"东德"。

德国这个民族历来对科学发展和文物保护都很重视。据说在二战期间,德国人轰炸苏联、波兰等一些欧洲城市时,对地面文物都在军用地图上给飞机驾驶员做了标志。可以看出,每个民族都有其民族狂热性,又有其出类拔萃的优秀品质。他们有可能被一个狂热的独裁者一时迷惑,但能很快地从中反省。对于二战的认识,德国人的反省态度最彻底。这就是一个民族的优良品质所在。

当时的东德有这么一个课题,就是在社会主义阵营里无偿资助一些保护文化的项目。他们看到中国的考古发展很快,出土文物的修复和保护滞后,就答应采取合作的形式给我们搞一个实验室。这也就是目前我们还在使用的考古院实验室,仪器都是从他们那里运来的。他们委派来的专家和工作人员,也很实在。他们觉得中国是一个文物大国,又是社会主义营垒里的伙伴,也很乐于和中国合作。当时,他们倒是提出把这个所设在山东青岛,因为山东在一战中曾被"割让"给德国,可能这些德国后人对中国的认识就是山东那点地方,或者是还有一丝负罪的感觉在里边。后来,了解到陕西的文物太多、保护工作量很大的实际情况,结果,还是选择了西安。

我们也派去了一个仪器设备接收组，由张廷皓、我等人去的。

德国人很痛快，我们去和有关的先生看了一下他们的文物。不在柏林，而是在东德的小城市，那儿有一个专门的科研单位，我们在那儿待了几天，参观了些遗迹遗址。西德和东德那时还未统一，我们在东德东部。我们大概在那里待了一个星期，在他们的科技部，考察了一些先进的考古设施。

我、张廷皓和院里搞照相的技术人员，还有技术部的一个同志一共四个人，专门参观了他们指定的几个文物修复仪器制造单位和设备，确定了合作方向，也就是文物修补这个大前提。前后一个星期左右，我们在东德的首都参观了一些实验室，有些设备在国际上很尖端。不过，可以看出来，东德的文化底蕴不如西德那边保持得完好。

希特勒统治时期，一九三六年的世界奥林匹克运动会上，中国去了几十个运动员，都没有获得奖项。希特勒借此侮辱中国，送给我们一面奥林匹克旗，冠冕堂皇地说，这是证明中国参加过这个盛会。其实呢，奥林匹克的第一个字母为"o"，还特别大，有人就解释为这个希特勒赠旗的意思是给中国送了个"大鸡蛋"！

所以，我就专门去了奥林匹克运动会的主办场。那届奥林匹克运动会的跳板、滑冰场地等保护得都很完好，历史古迹保护更不用说了。

德国人把仪器设备等给我们后，启动的时候还有资金供应。不过，我们还是给了他们部分经费。他们那些学者、工作人员也很乐意到中国来做这个合作项目，隔一段时间会换一批人过来指导。总体来说，这次合作还是很成功的，东西德统一后，一直还维持着这个合作关系。

后来，除过这些设备之外，意大利也给中国支援了一批仪器，这是另外的事情。这些仪器也一并被我争取到了陕西，并成立了文物修复中心，就是我们今天的文物修复中心。

跟意大利是另外的一个课题，是由文物局来牵头负责的。

遭遇日本大地震

日本人肯学习，特别是人类先进的东西，我们这个邻居都会虚心地学为己用。从甲午战争一直到第二次世界大战，日本军国主义政府曾经给周边国家，特别是中国带来过巨大的战争灾难，从另一个方面讲，正是这个民族当时在科学技术领域接受西方的东西很快，迅速壮大了国力，让那些军国主义者野心膨胀了。

当然，自古以来，日本也有一些对华友好人士，他们那儿叫做"亲华派"。我们去日本的九州访问，就是那里有一个考古机构主动和我们联系的，希望一起对文物考古各个方面进行学术交流，也包括探讨实际发掘技术上的一些事情。

这次，考古发掘方面是我去，文物保护是单薇等人去。很不凑巧，我们去的那一年，在日本发生了很大的地震，日本罹难五千多人，是当时日本国最近几十年发生的最大一次地震。

地震发生在我们到日本之后的第三天。当时，地震震中在九州旁边。那次地震是我亲历的最大的地震，当时那个大楼摇晃得好像就要倒了。日本朋友当时很快就跑过来，问我们怎么办。我们住的地方是华人建的，抗八级地震，尽管这次地震有七级多震级，房子却没有倒塌多少。日本是个岛国，地震十分频繁，建房也就很讲究房屋的防震性能。

第二天，我们还是转移了。沿着日本的东北部，进入农区范围。

我们在那里转了大半天，租了一间房子。

让我很钦佩的是，那么大的地震，有的房屋倒了，起火后还导致一些人罹难。按说，一个现代的工业大城市的人口很多，遭遇灾害后的情况应当很乱，可是，第二天日本政府的救济物资就送到了灾民手里，秩序很快恢复了，一切都井井有条。灾民的生活用品供应点、居住地等都很快就安排好了。市民们没有一点悲哀和忙乱，更没有出现那些哄抢物资、趁火打劫的事情，大家都很自觉地排队领东西，或者买东西，显得十分正常。

等到余震结束，我们才搬回原来的住处，继续按程序搞学术交流，参观访问。日本同行们都很虚心，一切程序都没有因为自然灾害而取消，让我直接地感到日本这个资源匮乏的岛国之所以能够发展得这么好，民族的自立自强精神是很重要的原因，这很值得我们这些做过"亡国奴"的中国人好好反省的。

叶娃和刘莉

我在陕西省考古所当所长的时候，原来有两个女同事。一个叫叶静（到美国后更名为叶娃），一个叫刘莉。后来这两人到美国留学，留居美国，也都在那里交了朋友成了家。

刘莉的丈夫是民主党中很有权势的角色，她是在天普大学认识她丈夫的。这个大学就在宾夕法尼亚大学附近。叶娃当时也在那边上学，有意思的是她那时的男朋友却是共和党人。叶娃和刘莉走出国门时间较早，很快融入了美国社会。那时，正好"美中学术交流委员会"成立，她们给陕西专门要了几个名额。

我属于第一批被邀请去的。我心里当然知道，这里边肯定有叶娃个人邀请的因素。

去美国讲学是一九八六年三月的事情，用的是"美中学术交流委员会"的基金。这个基金，按道理是给个人的。当时给了我三个月的基金，经费也是一次性给的。我去了就住在叶娃他们那里。具体地方在华盛顿州的北部俄勒冈大学附近，靠近加拿大的温哥华。

记得当时在尤金镇办好手续后，我就拿到了经费，一天是七十五美元，总共给了多少钱我不记得了。这些钱，回国后按照"规定"还需要给国家上交一半左右。

于是，我的个人生活就得精打细算。住的宾馆，一天十五美元。在美国吃饭也很省钱，他们那个饭食简单，分量很足，这也可能是

1986年，石兴邦、刘莉在美国费城中国城

美国佬人高马大的原因吧。我住的是汽车旅馆，价钱很便宜的那种。

这次讲学主要的招待方是俄勒冈大学。这所大学里，中国学生很多。刚过去的时候，我住的还是学生宿舍，住了大约有一个月时间。

在美国期间，我结交了几个学者朋友，有叶娃的丈夫 Joe 和迈瑞吉、爱格斯。

美国西部大约有九个州，除了墨西哥州和另一个（最北边的阿拉斯加州）没有去外，其他七个我都去过了，主要是爱格斯和迈瑞吉陪我。我们用的是迈瑞吉的车，是一辆旅游车，里面有床、帐篷等设备。

迈瑞吉这个人对民族学、人类学和地质学都懂些。我们在美国的西部大草原游历了大约有十五天左右。有时候，我们晚上也在野外露宿，外边太冷，他们让我住在车里，他们都年轻，在外面扎帐篷。

我们一行将美国西部几十个主要的文物点一个一个地走过了。那里地理环境复杂，有平原、高山、瀑布、沙漠等。国家在那里建立了沙漠博物馆。那里还保留有一些印第安人在山上的居址、地穴等。沙漠博物馆主要是对整个沙漠地区的生态、文化进行保护。他们的沙漠绿化情况比较好。沙漠动物、植物等在博物馆均有展出。但我们看的时间不长，只是陆续看了几个点。

到第二个月，我就到波士顿去了，哈佛大学设在那儿。叶娃、刘莉和我都见面了。那次给我印象最深的是，在美国的图书馆中，中国的文物古籍很多，并且服务人员还多是些中国人面孔。

我那次去，就我一个人。在美国西部，民主党的势力相对较大。不过，就我的感觉，美国对中国人还是很友好的。

后来，我又在尤金待了一个月左右，和我们联系的两个学者都是俄勒冈大学的。我在那里主要就是做调查，看了很多地方。

1986年，石兴邦在美国西部考察

美国西部的几个州，我基本都看过了。但印象深的，就是岩居址和沙漠博物馆。在此期间，我去了两个学校，一个是俄勒冈大学，一个是斯坦福大学。斯坦福大学和我们的清华大学类似，里面很大。我参观了斯坦福大学的考古实习，东西做得很细致，大约是在一个一二百平方米的实习工地，我询问了一些情况，照了些照片。那里的指导老师还送给我一把手铲，作为纪念。

斯坦福大学在西部很有名，东部主要是哈佛大学。这两个大学的情况我都有了解。斯坦福大学的一个先生，在考古所三十周年的时候，还出席过我们这边的邀请会议，他主要做人类学。在人类学中，有一个人种和种族的问题，其次才是文化。所以，在他们那里，没有考古专业，只在人类学下设了考古，因为考古是一个论证性的东西。在人类系中，人类的起源、发生、发展等，被作为人类的一个文化来研究。

我记得他们那里有机器发掘，我当时对此很好奇。我就看了一个上午，然后照了些相片。

后来去东部的时候，经过了墨西哥州，那里黑人很多。

我们在沙漠里走，常常几十里看不到人，公路和铁路两边也是一望无际。一路有几十个文物点，我一一都去过了。

在美国考察讲学的那段时间，尽管我会讲一些英语，但少数时间和重要场合还得有人来翻译。这个时候，叶娃和刘莉就得帮忙。在和宾夕法尼亚大学商谈"唐二骏"回归中国的那段时间，做翻译的就是刘莉。

一个偶然的机会，我都差点把咱们昭陵原来那个"飒露紫"和"拳毛䯄"从美国要回来。这是一个令我终生遗憾的事情，每每提到昭陵，那次商谈的枝枝蔓蔓就涌上了我的心头……

参观美国斯坦福大学考古实习现场

背井离乡的"唐二骏"

说到那次商谈"唐二骏"的最先发端，还得说说张光直这个人，他是这个事情最先的牵线人。到波士顿时，就是这个张光直先生亲自驾车到机场接的我。

张光直是中国大陆人，小时随父母移居台湾后定居美国的。最后，这个人还担任了美国国家科学院院士、美国文理科学院院士，著过《古代中国的考古》这本书。一九七七年他回国探亲旅游，在北京我们见过面。都是搞考古的，他当时就给我提起过"昭陵六骏"能不能团圆的事情。

在美国的时候，他告诉了我这么个情况：他的大学同学戴逊当时担任着宾夕法尼亚大学博物馆馆长，昭陵的"飒露紫"和"拳毛䯄"就在这个博物馆。他已经跟自己的老同学试探着说过，看能不能把这两件东西归还中国。戴逊教授当时表示过愿意"考虑"这个事情。

搞这个事情，总得有中国的一个机构来交涉。我这一去，两人就早早通信商量。张光直认为这两件文物是陕西的，我这个陕西省考古研究所所长完全可以和戴逊去谈。这个时候，他就打电话给戴逊教授试探人家的口气，事先安排好，让我在波士顿考察结束后去费城。

到了费城之后，我先到宾大博物馆探望了背井离乡七十多年的二石骏，走进那个东方馆大厅入口，便看见了正让将军拔箭的"飒露紫"和身负九箭的"拳毛䯄"。两匹马一左一右靠在圆形展厅墙壁上，我当时眼泪都忍不住流下来了。

一九八六年的六月三日上午，从我们所出国留学的刘莉领着我去宾大博物馆办公室和戴逊会面。两人谈得很好，说了些世界考古的事情，谈得差不多了，我才提出二石骏"回归"的主要话题。

戴逊当然知道我来的目的。按刘莉的翻译，我大体听出来戴逊教授的意思。他说，他个人很同情这件事，也希望"二石骏"能回到中国去，但这只是他个人意见，最后还要校委会决定。最主要的是，为什么要这样做，得给"世界"舆论说清楚。他一直强调，这个东西是美国人买来的，不是偷来的。两家可以用"借展"的方式订个协议，东西先"借给"陕西展览，所有权属美国，至于借展多长时间，两家完全可以再次就此具体商量。借展后，在两国之间提起这个话题，再谈"归还"问题，那个时候也能给美国朋友个大面子。

回到酒店，我立即打电话告诉张光直这次交谈的详细内容。张光直听了十分高兴地告诉我，只要戴逊同意，校委会那边就容易了。

七月底回国后，我先到北京向国家文物局有关领导汇报。他们研究后认为，"二石骏"能回归当然是件好事，但考虑到这两件文物的历史背景，可以采取互赠的办法，让宾大"还赠"陕西二石骏，我们"回赠"他们两件其他文物。

我回到西安，将这些情况又向省上汇报后，他们都很高兴。这个时候，我立即给张光直写了信，请他与戴逊和宾大研究这种方式是否可行。信发出后，碑林博物馆已经挑选出两尊宋明时期的石雕佛像，制成图像和说明，如果美国同意，就把这两尊石像送给他们。

就在这个时候，一个小小的异常情节却使我的努力功亏一篑。

飒露紫、拳毛䯄（现存美国宾夕法尼亚大学博物馆）

我们陕西碑林有个文物展览，在六骏上方的说明牌上边写着这样的文字——"1914年飒露紫、拳毛䯄两骏被美帝国主义分子毕士博盗去，现藏于美国费城宾大博物馆。"

事情巧得很，也就在一九七八年十月，陕西省接待了一个美国"汉代"考察访问代表团，该团团长是著名的华裔历史学家余英时先生。在参观完碑林博物馆后，代表团中八十多岁的宾夕法尼亚大学老教授德克　卜德心情非常糟。当时，代表团人员中还有张光直教授。看了碑林对"唐陵六骏"那段说明文字，卜德教授一宿都没睡好，他对宾大参与"盗取"二骏的说法非常不满。据他所说，宾大博物馆是从一名叫卢芹斋的中国古董商手中买到二石骏的。

在送别晚宴上，卜德情绪很激动，还郑重其事地交给在场的陕西省文化局副局长张禹良一份宾大博物馆与卢芹斋交易发票的复印件。这是他临行前几天特地复印的。看来，即便相隔几万里，中国人对美国人参与"盗运"二骏的指控，他们也早有耳闻。一场送别晚宴不欢而散，当时的尴尬场面可以想象。

后来，碑林博物馆也派专家到昭陵附近做过实地调查，但年代久远，二骏究竟是怎么被运到美国的，谁也说不清楚。

不过，当时代表团还有一个代表名叫凯赛尔，在这件事情上起的作用真可谓是"火上浇油"。他回到美国后，给戴逊写了一封措辞严厉的信，信中说："作为一名宾州人和一位宾大的校友，我想让你相信，我和代表团的大多数成员，一想到一所令人尊敬的高等学府，尤其是美国这些意欲成为其他国家道德典范的高等学府，展出着用不正当手段得来的展品，我就异常难堪，感到很丢人！""假如宾大果真拥有这两具唐马，假如我看到的说明属实的话，应该立即归还给它的尊贵主人——中华人民共和国。假如中方的说明不符合史实的话，也希望能阻止这样的谴责。"

这封信极大地刺激了戴逊和宾大校方，同时在民间也造成了些影响。这个时候，如果宾大把东西送还陕西，肯定就是对"盗窃"的一种默认。戴逊给张光直写了一封信，信中谈了校方的态度和近期内解决此事的难处。

这件事情就这么搁置了下来。

我却还是不怎么死心，不断给张光直写信，请他从中斡旋。后来，戴逊捎话说"可以商量"，让我将准备赠送宾大的文物图像材料寄去。可惜，那些图片涉及国家文物"图样"出境的问题，我邮出去的邮件，又被邮局打回来了。最后，我还是托了熟人才把这些资料带出了国门。

这个捎东西的熟人是王文清。

那次，他是赴美国文物展的成员，这个人对"唐二骏"的事情也很关心。他去了之后，在当地参加了一些圈内的聚会，听说了戴逊左右为难的这么个情况，也接触了美国文物界和有些当地华侨，思想上就打了退堂鼓。

在当地，听说唐石马这个东西要回归大陆，许多华侨受"文化大革命""破四旧"的影响，认为几十年来这东西在宾大博物馆保存得很好，担心这么珍贵的东西送回大陆，万一被人毁掉，那不是将好事办成了坏事嘛，于是，民间坚决反对"二骏"回归中国的呼声很高。

王文清听到这些风声，他或者是出于好意，在当时那种氛围也怕戴逊教授难为情，也没和我联系，就自作主张自己掏腰包临时买了些礼物代我去看望戴逊。戴逊当时还问了他一句话："石兴邦先生让捎来的文物照片和资料呢？"他万没想到戴逊会主动问起这件敏感的事情，加之进门又没带那些资料，只好搪塞说，石兴邦只给了这些礼物。

后来，我得知事情的结果之后，觉得自己在戴逊面前已经失信了，也不好再和人家提说这件事情。就在此后不久，戴逊患病，宾大博物馆换了馆长。

有关此事的牵线人张光直，最后一次来大陆探亲时已经让他那个帕金森病闹得说话走路都战战兢兢的，人到了这种处境，我也不好再提说这个事情了。

这件事情，就成了我今生的许多遗憾中的最大遗憾！

访问宝岛

我那次去美国，在美国还发生了一件事情。那时候，大约是五六月份。

中国社会科学院、北京大学、中国社科院考古所等单位联手，由李学勤、严文明、张忠培等牵头，和台湾大学、"中央研究院"及台湾的一些知名学者联系，计划台海两岸的学者八月份在美国召开一个"中国古代社会学术讨论会"。

那些代表中，有民主主义者、马克思主义者等，不问政治身份，只有一个目的，就是来共商民族考古的事情。那次，大陆的严文明、张忠培，台湾的桑振华、许倬云也都去了。

这个会是在华盛顿州的一个乡村开的，旁边有一个大湖，风景很好。参会人员有三十人左右。

起先我不知道这个会，当时我在美国的签证都快要到期了，最后才接到通知。最后，刘莉、叶娃也都参加了这个会。并且，是我介绍刘莉去的，并将她介绍给张光直。张光直也很认可刘莉的学识，并介绍她去哈佛深造。张光直去世以后，刘莉和她丈夫都去了澳大利亚。

刘莉和叶娃都是由陕西省考古所出去的，这些年轻人在中美考古学术交流方面，为国家做了不少工作。

在那次"中国古代社会学术讨论会"会上，与会学者决定再开

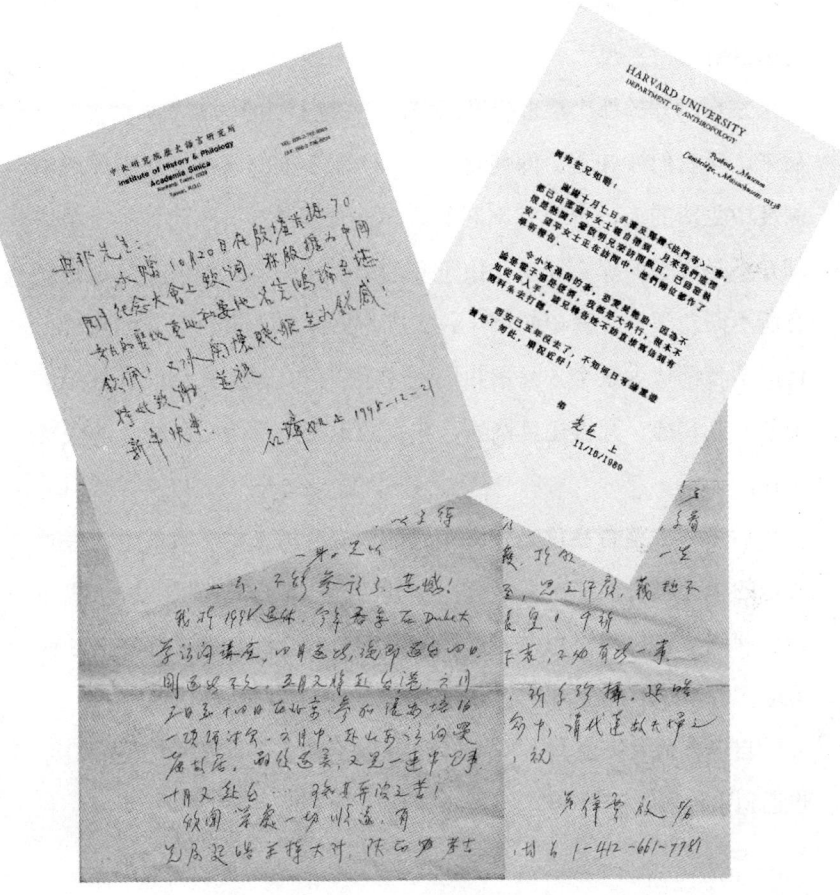

石璋如、张光直、许倬云写给石兴邦的信

一次这样的会议，并约定了时间。在美国这次会上，李学勤和台湾的许倬云等共同成立了"中国史研究"会。并把这个任务看做是对历史与考古的整合研究。

这个会结束后两三年，又开了一次，主要是以中国历史与考古的整合研究为主题。

在台湾开的那次整合会议，大陆上一些主要的学者基本都去了。后来，学者们才知道，即使是一些"学术"上的事情，在不同政治制度中生活的人，也会有不同的认识。看似撇过"政治"了，事情却并不是预想的那么简单。由于政治思想不同，认识历史的观点就有所不同。举一个简单的例子，大陆把张献忠当农民起义的英雄，台湾学者都认为这个人是屠川的刽子手。但是，那次会议一直尽力撇开一些羁绊，开得还算圆满，毕竟三地两岸都是一脉相承的炎黄子孙。

后来那次整合会议是在海南开的，有台湾来的学者，也有海外各地的华人学者。那次会是分两次开的，还去台北开了一次。我在参会期间，到台南、台中去过。这样类似的会议以后在上海、陕西等地，合作开了几次。

自一九八六年到九十年代，我个人到台湾去了好几次。其中一次，也遇到了地震。

台湾有个黄帝庙

台湾有一个黄帝庙，修盖得很好，我也去过那里。我深切感到，尽管两岸分隔这么久，无论官方学术界还是民间学者，都有着同根同宗的认同，都是炎黄子孙，也都在努力地为民族做着一些大事。

国家文物局的王局长在任期间，大陆逐渐改变了和台湾的关系，我们之间的交流和接触，是从"纪念中国考古学三十周年"大会开始的。一九八八年，新中国考古所三十周年庆祝大会，我们直接和太平洋基金会联系上了。后来，两岸为此还出了一部专题大画册。

王文清被人介绍给太平洋文化基金会的张豫生先生，也就是我们考古学会和张先生接触的开始。我们的活动基本是以太平洋文化基金会和陕西省考古学会的名义举办的。

张豫生先生是太平洋基金会的干事长，这个基金会是国民党的"教育部"下属的一个文化单位。台湾当时有两个基金会，一个是太平洋基金会，一个是蒋经国基金会。前者属于"太平洋"范畴内的小型基金会，后者是世界范围的基金会。

那个时候我是考古学会会长，后来，成为黄帝陵基金会的副会长，和太平洋基金会联合，三家单位合在一起，共召开了考古与研究学术会、周秦文化学术会、汉唐文化学术会等四五次会议。

第二次是请何炳棣先生来的那一年，给台湾发了邀请，会后还出了一本文集。基本上可以说，这次活动，也是两岸的一次黄帝与传统学术讨论研究会。那个场合应该是新中国成立后最热闹的一次，那一年黄帝陵的大殿还没有修好，但是整个规划已经初具规模。为了吉庆，陕西民间组织了八支锣鼓队伍。第一次回到大陆的何炳棣先生，看见如此地道的民间锣鼓队，场面又是如此宏伟，内心感觉很是震撼。

那次，台湾来了很多学者。与此同时，台湾还举行了一个展览会。自此之后，我们考古学会就和太平洋基金会、黄帝陵基金会每年都召开一次会议。台湾的很多学者都趁着这个会议来交流学术，但是张光直没有来，他由于病情的反复，缺失了许多活动。许倬云也是经常有病，后期很少来参加一些活动。说到这点，黄帝陵基金会对联谊两岸三地和华夏复兴的作用是很大的。

接着就是秦汉文化研究会，会议在西安开的，但是参观实习是在汉中。

再后来，我们和台湾联合举办的周秦文化研究会，在西安开会，到宝鸡参观后结束。会后做了个文集，内容也是很丰富的。

接下来就是汉唐文化研究会，这次学会已经出现了一些新的面孔，年轻的学者已经参与进来了。西北大学的学子基本每届都会参加。开完会，台湾学者们去汉中参观访问，方光华等都参加了这次盛会。当时，台湾还来了一个画家、一个书法家，在西安举办了个人作品展览。

陈水扁在台湾当政后，对太平洋基金会打压很厉害。在"周秦"那个会议前后，台湾方面已经拿不出钱来印刷书稿了。

近几年，情况又有些变化。太平洋基金会、黄帝陵基金会联合起来，请台湾学者于九月重阳节的时候来大陆祭奠。官方是在清明节祭奠，民间则是在重阳节。这种官方和民间的共同推动，使得两岸三地的学术得到了很好的交流，民族情感也得到了进一步的认同。

与台湾学者考察华清池

「退」而不「休」

人这一生，即使是干了一辈子的行当，干着干着就觉得这件事儿好像在自己手上永远都放不下，也干不完了。并不会觉得毕其一生的精力对这件事情已经做出了点成绩，闹清了一些原委，也相应得到了社会的承认，应当颐养天年。

自从退休后，我依然觉得自己并没有退休。总觉得手头应当做的事情并不会因为年龄"退休"而应当搁置起来，去等后人们来完成。即使是自己对自己一生研究的东西，有些认识都还在不断地变化。自己"铁定"了的东西，在自己不断的研究中总会有些新的补充，有些论点甚至还有被自己推翻的可能。

在史前考古学研究方面，我很早就主张将中国新石器文化进行大系统的分区研究。中国新石器时代文化体系形成于七千年前，分为三个系统，一是以稻作农业为主的青莲岗文化及南方文化诸部族；二是黄土高原以粟作农业为主的半坡仰韶文化系统诸部族；三是以狩猎畜牧或游牧为主的北方细石器文化系统诸部族。这三个系统经过一千多年的发展融合，最后形成了以中原地区为中心的庙底沟氏族部落文化，它是华夏族最早的原始文化核体，在与周围诸部族文化长期接触的过程中，不断的发展成长，经过上承半坡、大汶口和青莲岗文化之余绪，下启龙山文化氏族公社之基，最后发展到夏、商、周三代青铜文化。概括说来就是中国考古学区系类型理论。

后来，这一学说在人类学科得到认可，而且许多学者都循着这个设想研究补充，已经形成了一个较为完整的理论体系。就我自己来讲，真的想结合自己的考古实践，把这个停留于自己手头的理论研究搞深搞透，给后人留下一个完整的东西。

这个"区系类型理论"，说起来也不深奥。此前，我们一直将人类的发展过程和迁徙活动"勾画成"一条线。可是，在非洲，这条线是完整连接着的。到了欧亚大陆，这些线条就很不完整、也不连接。这么说来，智人在这些大陆还是有自己群落的，和非洲智人的迁徙交汇，也是多次完成的。此间，还存在大量的文化"断层"需要研究。一些存在过的"原有部落"的瞬间消失和"迁入部落"的勃然兴盛的多次交替现象，就需要我们有勇气推翻前人的研究成果，甚至是我们自己的研究成果，去做全新的思考和探索。

我们已经发现，在石器时代，中国的黄河和长江两大流域已经出现"繁星点点、相互印证、自成体系、中心文明"的文明景象，并不是简单的"一个中心，四处辐射"而发展形成的。比如，殷商时代的青铜文化，距今已有四千年了。可是，距今三千年的"三星堆"遗址出土的青铜器，无论器物造型工艺和青铜冶炼技术，都有其"独有"的鲜明特色。即就是文化蕴涵，也不可同日而语。

要把这些观点用充实的论据做一说明，最后形成翔实的理论文章，这至少需要一个人十多年潜心著述的时间啊。同时，一个人在前半生的实际工作中，一些需要归拢和整理的具体事件也得花费很多的时间。

有人问我，何以到了九十岁高寿，还不愿意坐下来消停消停，每天依然要去办公室上班？我告诉他们说，我石兴邦没有资格退休，也从来不会让自己退休，这或者就是某种历史使命吧。

我们这一代考古人，可以说是中国建立系统考古的先驱者。在这么简短的几十年间，我们才开了个头。就像"半坡"被发现到被发掘，并不是建一个博物馆就算完事。这些，我们只是给后人们提出了一个问题，要解开人类发展的无穷奥秘，我们这一代亲临者有责任把自己的经历以及有关思想完整地给接替者留存下来，让他们继续来完成这些探索。即使是我们某一个没有来得及求证的思想，或者是第一发掘人的个人日志，这些东西，能给后来者提供一点借鉴也好。

这两年，院里已经派有专门的学生整理我留存的一些资料。这不是对我石兴邦这个人多么重视，而是对国家考古事业的认真态度使然。这样一来，我每天真的有了干不完的活路。

人年龄大了，工作起来已经不像六七十岁那个年纪还能兼顾处理多样事情，脑子里一直不能完整地梳理一个专题，常常是干着手里的，想着书本的，甚至是毫无头绪地思考一通。但是，有关此生参与过的重大考古事件，都镌刻在我的脑子里，一宗宗一件件就像昨天才发生的，一样儿都不会混淆。

还有，自从退休之后，有许多人都来求我写几个字，这也提醒了自己。几十年拿着探铲的手已经老茧叠加，重新拿起毛笔还真的没有年轻时那样得心应手了。可是，重新拿起心爱的毛笔，我找回了年轻时的许多感觉。毕竟，中国汉字也是我们民族的瑰宝嘛。在民国上中学、上大学时期，我的书法是经过大家指导过的。沙孟海这个人的书法在民国就很厉害的，我就是他的关门弟子。现在，有些人操着毛笔写那么几个字，距离书法十万八千里，居然冒充书法家，还这个主席那个副主席，搞得怪有名头！我写俩字让他们看看，一个九十岁老汉的字，至少应当先让他们清楚——胡乱舞弄出的毛笔字，那真的不能叫书法！

随着社会对考古事业愈来愈重视，这几年我的社会活动还真不少。有些人笑我，说我这个人是"来请不拒"，哪怕是个乡政府级

壬戌之秋日本友人呈贈毛筆於沙師師隨興試筆憲書石鼓歌名句以贈余師時年壽八十三秩余甚憲之益珍藏之於竹簡謹書此以誌存

石興邦
癸酉初夏於西安

别的邀请，我也会去凑一把热闹。其实，不管多么小规格的会议，只要能请我石兴邦，肯定跟考古和文化有关联。凭这个，我就应当去。

我的老伴只比我小一岁，今年也八十九了，身体也很好。年轻的时候，我们经常是两地分居，她跟我苦了一辈子。几个儿子都是她一手经管大的，他们都很争气，两个还到了国外去发展。到了晚年，我还有个任务就是陪老伴散散步、说说话，让她也感到，年轻时我们各自为事业东奔西走，老天还恩赐了我们老境有这么大段的时间来厮守，也是对我们夫妻的一个眷顾吧。

还有你这个晚辈小伙关中牛，腾出这么多时间和我聊说这些经年往事，倒是让我真得又一次感觉到人生苦短，一转眼就是百年时光呐。如果可能，我倒是还想再活一百年，还做自己钟爱的考古事业，从头做起。到了那时，才配称作是名副其实的考古学家。

后 记

  2011年5月，陕西省文物局启动了"知名考古专家资料抢救性收集整理"专项，旨在记录陕西老一辈知名考古学家的成长经历及学术生涯。

  年华向晚，岁月沉香。陕西考古人，尤其是那些见证了陕西考古发展的老一辈专家学者是陕西文物事业发展的一笔珍贵财富。在众多的陕西考古人中，已步入耄耋之年的我国著名考古学家石兴邦先生无疑是第一个需要关注的。2011年秋，陕西省考古研究院王炜林院长与西北大学文化遗产学院陈洪海院长、张宏彦教授谈及此事，西北大学两位先生深为赞同，并且特意安排在校研究生协助考古院为本项目进行初期的数据收集工作。

  自2011年11月开始，西北大学刘肖睿和王叶两位同学对石兴邦先生进行了长达一年的访谈，并系统整理了先生的藏书、信札、照片等资料。陕西师范大学出版社郭永新先生独识慧眼，看到两位同学的采访材料后欣然决定将其整理出版，并且邀请作家关中牛先生为本书执笔。

  本书以文学纪实的方式记录了石兴邦先生投身考古的经历，辛勤耕耘在第一线的工作历程，一丝不苟的治学态度，以及老而弥坚的人格魅力，为我们展示出一幅学者的人生画卷，也勾画出陕西考古几十年走过的辉煌历程。

向公众讲述著名考古专家的治学历程，是考古工作的另一项任务。这不仅是对考古人学术精神的传播，也是与关心考古事业人士最好的沟通方式，更是对后学坚定前行的激励与鞭策。本书的出版，就是这一心愿的首次实践。今后，我们将尽力将这项工作继续下去，让更多的人来关注考古、关注历史。

　　在本书即将付梓之时，衷心感谢关中牛先生的生花妙笔，感谢任国钧、蔡昌林先生和本书采用的历史照片的摄影者，同时感谢陕西省考古研究院、西北大学、陕西师范大学出版社等相关人员为本书面世所做出的辛勤努力。

　　由于本书主体内容为作者口述，加之时间仓促，难免有疏漏和谬误之处，敬请读者批评指正。

　　谨以此书向石兴邦老先生九十华诞献礼！

陕西省考古研究院
2013 年 7 月